**MARÉ**

**PROJETO bRASIL**

Marcio Abreu

**MARÉ**
___

**PROJETO bRASIL**

Cobogó

# SUMÁRIO

Escritas, por Marcio Abreu   7
Territórios, por Isabel Diegues   9

**MARÉ**   15
**PROJETO bRASIL**   47

Marés brasileiras: discursos em contrafluxo,
por Luciana Eastwood Romagnolli   85
Terreiros de linguagem, por Grace Passô   95

## Escritas

Este livro apresenta duas peças de teatro. Duas experiências dramatúrgicas distintas, mas com campos de interseção fundamentais. Uma, escrita de gabinete. Outra, escrita de cena. Ambas numa perspectiva conceitual de expansão dos princípios da dramaturgia, vinculadas ao teatro como acontecimento, como possibilidade de afetação pelo encontro entre as pessoas e pela ativação dos sentidos numa dimensão ético-estética.

Escrever, para mim, desde sempre, foi uma atividade estimulada pelo teatro. Minhas primeiras letras foram objeto de oralidade. Minha entrada no teatro, mesmo como ator, incluiu sempre a criação de palavra escrita e seu caminho de encarnação, escuta e materialidade. O entendimento da palavra como ação — na medida em que dispara movimentos, desdobra-se, reverbera e deixa vestígios — fundamenta, de certa maneira, a dramaturgia que faço.

Escrevi *MARÉ* a convite do grupo espanca! e a partir de um fato real: um massacre ocorrido em 2013 no complexo de favelas da Maré, no Rio de Janeiro. A peça integra um projeto do grupo que, junto com textos de outros autores, criou o espetáculo *REAL*. Escrevi o texto em absoluta solidão e antes que eles começassem a ensaiar.

Em *PROJETO bRASIL*, a criação da dramaturgia se deu ao longo de um processo de pesquisa teórica, literária e prática, num projeto com a companhia brasileira de teatro, em simultaneidade com a criação do espetáculo. Os textos e as performances sem palavra que integram essa composição dramatúrgica foram criados em convivência e, muitos deles, durante o período de ensaios.

Em ambas as peças, há uma dimensão de diálogo com o real, sem a ingenuidade ou pretensão de reproduzi-lo. Há o desejo de reinvenção do mundo, ou de mundos, através da língua, ou das línguas, ou, ainda, do que não cabe nelas. Há, portanto, a palavra como potência, como abertura de sentidos, mas também como insuficiência, como tentativa.

Este livro apresenta duas peças que se nutrem de referências múltiplas e que marcam sua existência numa relação concreta com o fenômeno do teatro. A arquitetura destes textos e suas sonoridades são também sua alma.

Que reverberem!

Marcio Abreu

# Territórios

Uma dor latente, imediata, factual é o disparador para o texto *MARÉ*. Uma dor que ecoa séculos de abandono e violência política. Uma dor que resulta diretamente do desinteresse do poder público por milhares de brasileiros que (sobre)vivem às margens, com acesso precário a educação, saúde, moradia, segurança, serviços públicos.

Uma família divide um espaço exíguo como moradia. A falta de privacidade é proporcional ao afeto, ao embolamento das relações entre pais, filhos, netos, que se encaixam como podem numa mesma casa, em um bairro de casas apertadas, feitas em sua maioria pelos próprios moradores e seus familiares ao longo dos anos, enquanto a cada salário, quando eles os tem, é comprado cada tijolo, cimento, telhado. Casas que são construídas como puxadinhos, encaixadas umas nas outras, como um grande emaranhado de cômodos colados uns nos outros e que são tratados como diferentes *casas* apenas porque os moradores lhes atribuem um número que as difere das outras. Cômodos que são tratados como casas distintas apenas porque um outro grupo familiar, com outras combinações em sua organização familiar, mora do outro lado da parede. Casas que formam bairros que não estão nos mapas da cidade, que são manchas no mapeamento oficial somadas a um título, um nome apenas: "favela". São conglomerados de casas *fora* dos mapas e, assim, alijados dos serviços públicos mais básicos. Mapas que, por não existirem, impedem qualquer adesão do Estado à rotina da comunidade. Sem o mapeamento não há por parte do Estado a execução de serviços, coleta de lixo, correio, cidadania. Sem o mapeamento das ruas, do espaço público, não há o espaço privado. Ele pode ser invadido, ocupado, perpetrado como o espaço de todos ou de *ninguém*.[*]

E é nessas circunstâncias que a polícia, composta muitas vezes por um corpo de policiais mal treinados, mal pagos, assustados, muitos também moradores desses espaços não-mapeados, tidos muitas vezes como inimigos da população, adentram o espaço privado desses territórios, atirando a esmo, às cegas, por vezes sem saber o que e a quem procuram, enxergando no outro apenas o inimigo. Não um inimigo sem rosto, mas de todas as faces, indistintamente.

A dor provocada pela invasão do espaço privado, pela invasão do espaço mais que privado que é o corpo do ente amado, é a dor de todos, é a dor e a desesperança de toda uma comunidade, a dor e o desmantelamento de toda uma sociedade. É a dor e a desgraça de todo um país. Mas essa dor provocada pela iminência da perda da vida do ente amado, essa dor do modo como é oferecida ao espectador/leitor de *MARÉ*, é também a dor que singulariza, que explicita a individualidade de cada um nessa massa desuniforme que é a comunidade brasileira, com suas tantas singularidades, diferenças, contrastes, ambiguidades. E nos lembra, ou melhor, afirma, que a dor coletiva é feita de muitas dores singulares, sentidas cada uma a sua maneira, delimitando os contornos de cada indivíduo, tornando-os sujeitos e não mais uma massa de excluídos, tornando-os sujeitos com demandas particulares, desejos próprios, objetivos e projeções pessoais, a que todos deveriam ter direito. Pois não há democracia sem igualdade e, ainda mais, não há democracia sem oportunidade, não há democracia sem esperança.

Já em *PROJETO bRASIL*, somos expostos à construção de discursos. São respostas, proposições, afirmações, movimentos, anseios. São discursos perpetrados por indivíduos atuantes, autoridades, representantes, mas também por vozes avulsas que ressoam com a mesma impulsão que os discursos ditos oficiais ou representativos. *PROJETO bRASIL* é um grande discurso em muitas vozes, silêncios, gritos, cochichos, corpos, gestos, dores, beijos, afetos; um discurso-balé de sons e carne que revela, denuncia, reivindica estados de coisas.

Com toda a complexidade da situação política do Brasil dos dias de hoje, há uma mudança que não tem mais volta, e irá reverberar, assim espero, para todos os lados nos próximos anos. Não há mais como dar as costas, não há mais como fechar os olhos, não há mais como atribuir aos outros ou às autoridades a solução de nossos problemas. As questões são nossas, os problemas são nossos, e somos nós, a sociedade civil, que iremos promover as mudanças de forma participativa, discursiva, ativa e atuante. Trazendo para si a responsabilidade de cada gesto, ação, decisão, estamos mudando radicalmente nossas perspectivas e possibilitando finalmente uma mudança de rumo, de estratégia, de discurso.

O Brasil somos nós e esse projeto é Nosso!

**Isabel Diegues**
Escritora e editora-chefe da Cobogó

---

\* Em março de 2016, foi publicado no *Diário Oficial* a nomeação dos primeiros logradouros de diversas comunidades do Complexo da Maré, um reconhecimento por parte da prefeitura do município do projeto de mapeamento dos territórios. Os primeiros mapas, preparados por um grupo de trabalho coordenado pelo projeto "Maré que queremos", foram desenhados em 2014, a partir de estudos e levantamentos que vinham sendo feitos há anos por grupos organizados de moradores da própria região. Para mais informações: http://redesdamare.org.br/blog/noticias/esta-rua-agora-e-minha/.

# MARÉ

de **Marcio Abreu**

*MARÉ* estreou em novembro de 2015 no Itaú Cultural, em São Paulo, dentro do espetáculo *REAL*.

**Texto**
Marcio Abreu

**Direção**
Marcelo Castro

**Elenco**
Alexandre de Sena (Homem)
Allyson Amaral (Criança)
Gláucia Vandeveld (Vó)
Gustavo Bones (Criança)
Karina Collaço (Criança)
Leandro Belilo (Criança)
Michelle Sá (Mulher)

**Coordenação de produção**
Aline Vila Real

**Cenografia**
Adriano Mattos, Ivie Zappellini e Grupo Arquitetura Tradução (Ana Cecília Souza, André Victor, Jéssica de Castro, Maria Soalheiro, Rita Davis)

**Iluminação**
Edimar Pinto

**Figurino**
Gustavo Bones e Helaine Freitas

**Projeto gráfico**
Estúdio 45JJ

**Fotos**
Guto Muniz

**Realização**
espanca!

A Maré, ou o Complexo da Maré, é um dos maiores complexos de favelas do município do Rio de Janeiro. Está localizado na Zona Norte da cidade. Em 2013, quando aconteceu no Brasil uma série de protestos e manifestações por reivindicações diversas, chamadas Jornadas de Junho, houve na Maré uma chacina. Há, na Maré e em diversas favelas do Rio de Janeiro e de outras cidades do país, desde tempos imemoriais, chacinas perpetradas pela polícia e pelo crime organizado.

Esta peça é afetada por esse acontecimento.

Esta peça é uma reação artística ao real.

Esta é uma peça de invenção.

## PRÓLOGO

*um fluxo*

*maré baixa, fim da jusante, ou baixa-mar. maré descendente, maré jusante ou refluxo da maré. maré alta, máximo do fluxo, ou preamar. maré montante, movimento do mar quando seu nível se eleva. maré de água morta, pequena maré ou maré de quadratura, assim denominada a altura mínima alcançada pela baixa-mar e que acontece quando a Terra, a Lua e o Sol estão em quadratura.*

*maré de água viva, grande maré.*

*cenas quase simultâneas*

## 1. VÓ

*fala sonora*

> baixa era baixa aqui um banhado o mar é fechado as casas em cima por cima um silêncio às vezes uns tiros os milico aqui perto não tinha ninguém era assim que chamava o sapateiro era baixa do sapateiro os garotos era assim eu era nova era baixa bonita um si-

lêncio a casa da gente era bom o feijão tá no fogo de
molho antes o dia inteiro de molho desde ontem a
noite preto gostoso um pedaço de carne dá gosto tá
tudo pela hora da morte cozinha mais rápido é assim
que aprendi põe de molho amolece cozinha mais
rápido eu hein garotos vai pro banho sua mãe vai
chiar o feijão tá no fogo fica quieto garotos eu hein
quero ver minha novela tá muito barulho vai buscar
seu irmão lava bem esse pé vai fazer o dever larga
dele garotos deixa ele todo mundo pro banho enche
o saco garotos ele é pequeno demais eu hein vou
chamar o lobizome hein aqui tinha lobizome tô dizendo é verdade pergunta pros vizinhos mais velhos
vou contar essa história já contei essa história a vó
já contou a vó era nova eu era bonita não tinha ninguém os milico treinando era tudo um banhado os
milico era dono seu avô que escolheu construímos a
casinha os vizinho chegaram aqui na baixa era assim
que chamava era baixa do sapateiro agora mudou
com tempo mudou vocês não se lembram não eram
nascidos aqui era bem bom era calmo bem bom fica
quieto os garotos vou chamar o lobizome de noite
era escuro sem luz ele vinha e assustava agora su-
miu não tem mais tá mudado tá tudo mudado conto
história e pro banho depois vai pro banho lava bem
esse pé eu hein eu cheguei aqui nova eu era bonita
seu avô que escolheu trabalhava na roça criava gali-
nha eu hein uma fartura danada não tinha problema
os vizinho ajudava os amigo da gente eu era bem
nova os filho nasceram seus tio suas tia os irmão do
teu pai eles foram indo embora o velho morreu eu
fiquei é sozinha seu pai me cuidou meu filho querido eu hein garotos vai pro banho tua mãe vai chiar
o feijão tá no fogo um pedaço de carne lava bem
esse pé vou chamar o lobizome era tudo bonito não
tinha problema os amigo da gente as criança brin-

cando lá fora hoje é diferente tá tudo mudado a bagunça danada é cheio de gente os bandido por tudo os bandido lá fora eu hein a polícia bandida danada as botina desgraçada chutando na gente eu hein os garoto cuidado vocês toma tenência o pai de vocês dá um duro danado vocês toma tenência o feijão tá no fogo eu hein vou perder minha novela fica quieto garotos eu tô surda do ouvido quero ver minha novela eu era bem nova tua mãe vai chegar o feijão tá no fogo o teu pai é que gosta o meu filho bonito o meu filho querido ele cuida de mim respeita o teu pai que ele chega cansado fica quieto garotos quero ver minha novela uma pouca vergonha esses beijo na boca uma safadeza danada eu hein esses artista uma vergonha meu deus fica quieto garotos eu tô surda do ouvido quero ver minha novela eles vão terminar juntos essa mulher é ruim demais meu deus uma roubalheira danada uma pouca vergonha agora é tudo assim antes era bonito esses artista tá tudo perdido ela é feia demais quero ver minha novela eu hein esses home sem camisa uma pouca vergonha deixa eu ver minha novela essas moda de hoje ih seu pai tá chegando meu filho querido o feijão tá no fogo tá cansado meu filho o trabalho todinho o orgulho da casa ele cuida de mim eu tô vendo a novela tá com fome meu filho o feijão tá no fogo um pedaço de carne os garoto uma bagunça danada tua mulher tá chegando ela tá atrasada todo dia é assim um engarrafamento danado ela demora a chegar a gente fica esperando uma fome danada quer fazer uma boquinha todo mundo pra mesa faz a reza pro senhor só depois é que come tá rindo de quê faz reza os garoto eu hein tá rindo de quê olha deus que castiga obrigado senhor pela comida na mesa obrigado meu deus pela família reunida os garoto tá rindo palhaçada é essa eu hein olha deus que castiga

todo mundo limpando os prato o teu pai tá cansado
um duro danado sou eu que limpo tudo e depois minha novela vocês todos pra cama eu cuido de tudo
um silêncio lá fora é hora de dormir os garoto amanhã tudo de novo lá fora um silêncio um ESTOURO
jesus misericordioso antes não era assim aqui era
bonito um silêncio parado os vizinho os amigo gente boa do lado agora tá diferente meu deus o que
é isso fecha tudo as janela é polícia chegando um
ESTOURO meu deus acode a gente antes não era
assim antes era bonito era tudo um banhado os garoto pra cama se esconde quietinho o meu filho ô meu
deus acode a gente uma gritaria lá fora é os vizinho
da gente todo mundo correndo jesus misericordioso
minha nossa senhora a gente tá aqui dentro graças a
deus e todo mundo batendo na porta a gente tá aqui
dentro é os vizinho da gente batendo na porta uma
gritaria danada ô meu deus me acode nossa senhora
credo em cruz é o diabo do mundo tá tudo mudado é
o inferno meu deus acode a gente ô meu filho abre a
porta um ESTOURO um barulho danado todo mundo
gritando a casa invadida a televisão ligada vou perder
minha novela os garoto pra cama se esconde aí embaixo socorro meu deus um ESTOURO a casa invadida os amigo da gente os vizinho todo mundo escondido o diabo do mundo o barulho lá fora todo mundo
chorando faz silêncio os garoto a vó tá aqui meu jesus misericordioso meu filho protege protege a família meu filho querido todo mundo encolhido um aperto danado um ESTOURO um zunido no ouvido uma
cegueira um escuro um aperto no peito um silêncio
profundo creioemdeuspaitodopoderoso advogada-
nossasalve saravá ohdegredadosfilhosdeeva esperançanossasalve santosantosantosenhordeusdouniverso
esperançanossasalve omeupaioxalá um ESTOURO um
zunido no ouvido o medo na alma o meu filho que-

rido um silêncio profundo um vermelho um quente
um molhado o meu filho molhado ô meu deus olha
a gente o meu filho o menino meu deus meu menino molhado vermelho molhado eu olho pra ele meu
filho assustado orgulho da casa ele cuida da gente
não vai embora meu filho meu deus acode meu filho
não deixa a gente menino o que vai ser de mim um
aperto no peito uma falta de ar meu jesus misericordioso não me deixa sozinha me leva daqui me leva
junto meu filho o que vai ser de mim o meu filho
nos braços um vermelho um quente um molhado eu
tô velha meu deus quem é que vai cuidar de mim
quem é que vai cuidar de mim quem é que vai cuidar
da mãe quem é que vai cuidar de mim um pedaço
de carne a maré tá subindo.

## 2. AS CRIANÇAS

*fala sonora*

    homem mulher cor flor fruta

    um dó lá si já

    á bê cê dê é efe gê

    com gê

    tempo

    foi

    geraldo

    gustavo

gilmar

você é café com leite

merda

geralda

gustava

não vale

vale

não vale

vale

não vale

vale

não vale

vale

cala a boca

vai

guta

não vale

vale

é apelido

é nome

é apelido

é nome

cala a boca

cor com gê

gema

não vale

vale

não vale

vale

não vale

cor de gema

é amarelo

amarelo gema

não vale

vale

não vale

vale

cala a boca

passo

passo

flor com gê

tempo

vó flor com gê

gardênia

não vale perguntar

vale

não vale

vale

não vale

vale

não vale

vale

cala a boca

gerânio

girassol

perdeu

fruta

goiaba

goiaba

goiaba

um dó lá si já

a bê

com bê

tempo

foi

bruno

bruce

binho

é apelido

não é

é

não é

é

não é

é

não é

é apelido

cala a boca

cala você

vem calar

para

vó

eu hein os garoto quero ver minha novela

vó

fica quieto os garoto o teu pai tá chegando o feijão tá no fogo todo mundo pro banho a tua mãe vai chiar

bruna

bianca

beatriz

branco

branco

branco

passo

passo

passo

vó flor com bê

begônia

banana

banana

banana

um dó lá si já

á bê cê dê é efe gê agá i jota cá éle eme

tempo

foi

maurício

murilo

marcelo

maura

miriam

marcela

vó cor com eme

vai pro banho os garoto

cor com eme

marelo

ahahahahahahaha

deixe eu ver minha novela

passo

passo

marrom

flor

margarida

margarida

margarida

manga

morango

melancia

tô com fome

vó tô com fome

o teu pai tá chegando o feijão tá no fogo vai pro banho os garoto

país com eme

vó país com eme

madagascar

é país

é

não é

é

não é

cala a boca

méxico é com eme

música é com eme

maria é com eme

macaco é com eme

motoca é com eme

madeira é com eme

marcelinho é com eme

aline é com a

cássia com cê

nadja com ene

gustavo é com gê

gustava também

não vale

vale

não vale

vale

não vale

vale

vale é com vê

belorizonte é com bê

brasil é com bê

grande com gê

criança é com cê

dado com dê

zebra com zê

elefante é com é

áfrica é com a

filho é com efe

filha também

grace com gê

giovana

vida é com vê

vaca

verme

vó

televisão é com tê

tatu

tamanho

a terra a lua o sol

homem com agá

índio é com i

ilha

ímã

jogo com jota

bola com bê

flamengo com efe

lama com éle

mãe é com eme

mulher

morte

morro

mar

maré

tá subindo

o teu pai

é com pê

preto com pê

tá chegando

pai

e a mãe

não chegou

tô com fome

tem que esperar

cala a boca

fica quieto menino

um abraço no pai

minha mãe não chegou

já pro banho menino

uma fome danada

minha mãe tá chegando

dá um beijo na mãe

titiquinha de gente

todo mundo pra mesa

o jantar já tá pronto

todo mundo pra cama

um silêncio lá fora

amanhã já bem cedo

vó televisão ligada

um silêncio aqui dentro

todo mundo na cama

um ESTOURO

mãe

tô aqui

uma gritaria danada

todo mundo quietinho

fica junto da mãe

um ESTOURO

todo mundo chorando

quietinho

chorando baixinho

junto da mãe

o pai tá do lado

todo mundo lá fora

os vizinhos da gente

as crianças da escola

um ESTOURO

todo mundo encolhido

todo mundo no canto

um ESTOURO

o xixi escorrendo

o pijama molhado

o pai abre a porta

todo mundo pra dentro

tá bem apertado

todo mundo chorando

mãe

bem quietinho

todo mundo abraçado

um ESTOURO

um silêncio

um vermelho molhado

um choro baixinho

um ESTOURO

outro choro baixinho

outro choro baixinho

o pijama molhado

tá quente

quentinho

o pai tá vermelho

vermelho molhado

a mãe não se mexe

a vó tá rezando

o silêncio da gente

chorando baixinho

## 3. HOMEM

*fala sonora*

a maré tá subindo conversa fiada as pessoas na rua cheia de gente o barulho no final do dia as pessoas voltando pra casa a casa a família comida no fogo cerveja gelada a mulher não chegou ela tá atrasada o engarrafamento lá fora conversa fiada as crianças ih como cresce desce daí menino vem pra dentro o conforto aqui é a gente cerveja gelada o final do dia me jogo no sofá as crianças pulam em cima tá pronto a televisão ligada a bagunça uma festa pulam em cima de mim sai daí menino cheiro bom uma fome danada o dia inteiro comendo besteira o final do dia tô morto as pessoas na rua hum cheiro bom o feijão tá no fogo mãe o melhor feijão do mundo um pedaço de carne dá gosto vem pra mesa todo mundo pra mesa uma fome danada tem que limpar o prato depois a gente brinca e aí como foi o dia ela conta que tudo bem mas que tá cansada a dona da loja vai chamar a vó vai esfriar a comida vem cerveja gelada ela me conta tudo um trânsito danado um alívio chegar em casa o barulho das pessoas na rua cheia de gente vem pra dentro menino uma festa correndo pra todo lado pulando que nem pipoca uma folia todo mundo em cima de mim anda vai chamar a vó vem cá me dá um beijo agora não vem espera safado as crianças vai chamar a vó tá esfriando todo mundo quieto é bom a televisão ligada tô exausta vem cá o corpo doendo cerveja gelada todo mundo junto as crianças se lambuzando a vó sempre ali minha mãe o melhor feijão do mundo a gente sente o cheiro de longe as pessoas na rua voltando pra casa os lábios a mulher e eu sorriso maroto a cama pequena as crianças sai daí menino a gente faz bem quietinho não geme o barulho na rua amanhã começa tudo de novo televisão ligada a gente faz quietinho cama pequena a vó sempre ali televisão ligada meu amor as crianças como cresce sai daí menino amanhã a gente brinca um calor danado a gente faz quietinho não geme cama pequena as crianças sorriso maroto cheiro bom danada um calor fica quieto menino amanhã tudo de novo todo mundo pra cama a vó sempre ali televisão ligada mãe o melhor feijão do mundo tá na hora de dormir ela tá exausta todo mundo aqui de noite é sempre assim amanhã tudo de novo bem cedo não vejo a hora de voltar aqui é bom os vizinhos todo mundo acordando cedo e o barulho no final do dia as pessoas voltando pra casa vendedor de frutas as lojas abertas até tarde cerveja gelada ih menino o pessoal conversa a rua cheia os assuntos do dia as motos passando sobe e desce o dia inteiro ih menino como cresce motos passando sobe e desce cigarro na boca começa cedo esses meninos um medo danado vem pra dentro e mais um dia vai terminando o barulho lá fora tá escuro vai ficando quieto as pessoas na rua vai ficando vazia a gente aqui bem quietinho não geme as crianças do lado todo mundo dorme a vó as crianças todo mundo a mulher e eu tô mortinho o dia inteiro fora chega de noite cerveja gelada a gente cai na cama amanhã tudo de novo tá tudo quieto conversa fiada o barulho lá fora as pessoas dormindo amanhã tudo de novo a gente segue agora silêncio conversa fiada bem devagar vai tudo sumindo as crianças do lado bem devagar a rua vazia amanhã bem cedo tudo de novo o dia inteirinho o silêncio da rua conversa fiada as pessoas dormindo todo mundo mortinho o silêncio... um ESTOURO lá fora a rua tremendo as crianças do lado a mulher em silêncio os gritos lá fora aqui dentro um silêncio a vó tá dormindo as crianças chorando a mulher encolhida o corpo tremendo um ESTOURO mais forte a rua tremendo a mulher encolhida as crianças chorando os gritos na porta pessoas batendo um ESTOURO o medo de gente as pessoas lá fora todo mundo gritando batendo na porta a gente aqui dentro mais um ESTOURO fica quieto menino todo mundo em silêncio o barulho lá fora todo mundo com medo as pernas tremendo o menino assustado as pessoas batendo os gritos na porta os passos lá fora uma voz de comando a terra tremendo todo mundo deixa entrar por favor um socorro abre a porta todo mundo aqui dentro os vizinhos do lado o dono do bar as crianças da escola o português do boteco a mulher da empada o mecânico de motos a professora da escola a amiga da minha mulher o pessoal lá de cima o cabeleireiro o marido da costureira o filho da desconhecida o irmão do meu tio a tia da minha mulher o catador de latinhas o bêbado do bar a vendedora de calcinhas o amigo do guarda a merendeira da escola o marido da trocadora os filhos da moça da farmácia o pessoal lá de baixo todo mundo gritando um ESTOURO abre a porta todo mundo aqui dentro uma lata de sardinha eu fecho a porta os tiros todo mundo no chão uma lata de sardinha os gritos todo mundo aqui dentro o silêncio de novo a respiração curta os tiros vontade de acabar com tudo a mulher encolhida as crianças do lado todo mundo aqui dentro a porta fechada os tiros lá fora um ESTOURO gosto de sangue na boca um zunido no ouvido a roda girando os gritos sumindo a camisa molhada o ar que eu respiro o ar que eu respiro eu quero o ar que eu respiro eu respiro o ar eu quero o ar o ar ar ar ar ar ar ar gosto de sangue na boca a vó dos meninos minha mãe que me olha gosto de sangue na boca minha mulher encolhida silêncio do lado ninguém mais grita a vó dos meninos minha mãe que me olha os olhos chorando o desespero na boca minha camisa molhada sangue quente escorrendo um som surdo no ouvido as imagens sumindo tá tudo sumindo mãe o melhor feijão do mundo todo mundo em silêncio conversa fiada a vó dos meninos minha mãe que me olha vai tudo sumindo o ar que eu respiro as crianças lá fora um escuro pra sempre.

## 4. MULHER

*fala sonora*

ih menina o ônibus tá lotado o trânsito tá parado louca pra chegar em casa os menino sozinho a vó é

quem cuida preparar a janta os meninos com fome
jesus tá tudo parado é assim todo dia os menino sozinho mas tá diferente tá tudo parado a fome chegando louca pra chegar em casa ainda tem que descer do ônibus e esperar a van é assim todo dia mas tá diferente hoje tá diferente tá tudo parado uma fome danada os menino sozinho ih menina o que tá acontecendo hoje tá diferente ele tá me esperando sou eu que chego primeiro ponho a água no fogo a cerveja gelada os menino brincando louca pra chegar em casa sou eu que chego primeiro eu que chego primeiro mas hoje tá diferente a maré tá subindo eu tô atrasada um engarrafamento danado todo dia eu chego eu abraço os menino uma fome danada um alívio um descanso eu jogo uma água no corpo a zoeira lá fora eu esqueço o cansaço o feijão já no fogo ela nem me esperou a vó nem me esperou a sogra não espera ela faz o que quer é assim todo dia é assim ela faz o feijão ele diz mãe o melhor feijão do mundo um ciúme danado é a mamãe que ele gosta o feijão da mamãe eu preparo a mistura o arroz a salada o angu a rabada ele gosta a rabada ele gosta não pode negar os menino também todo mundo se farta os domingo o descanso todos juntos na mesa ih menina tá tudo de noite já tá quase chegando uma vida no trânsito tudo parado amanhã a gente se vê vou correndo pra casa um alívio danado as pessoas na rua voltando pra casa um barulho danado as compras na mão as panela no fogo os menino com fome o marido esperando vou correndo pra casa a vó televisão ligada o feijão no fogo um ciúme danado ele diz mãe o melhor feijão do mundo eu entro suando agarro os menino seus safado os menino bonito os cabelo desgrenhado desce daí os tesouro da mãe seus safado não pula na cama dá um beijo na mãe os menino bonito bolinho de chuva tutuco da mãe vem

pra cá meu docinho seu titiquinha de gente pedacinho de homem o dever já tá pronto o banho tomado uma bagunça danada os safado os menino uma fome danada todo mundo pra mesa a barriga roncando a vó vem comer televisão ligada o barulho lá fora os bonito os menino os tesouro da mãe os olhinho brilhando o sorriso na cara a boca aberta cheia de dentes faltando tá crescendo menino lava a mão vem pra mesa a comida esfriando o marido me olha me pega no canto um arrocho gostoso ele tá me esperando os menino cuidado os menino vão ver tira a mão seu safado vem aqui dá um beijo gostoso esse homem é gostoso me abraça me pega quietinho a gente tá junto todo dia é assim um alívio o cansaço a janta na mesa todo mundo esperando o arrocho no canto o barulho lá fora o alívio aqui dentro um sorriso na boca a vó vai dormir a novela passando os menino zoando vai dormir todo mundo amanhã sai bem cedo o trabalho de novo ih menina o dia inteirinho esperando acabar pra chegar aqui em casa e brincar com os menino e beijar o meu homem e esquecer os ruídos o barulho lá fora a patroa danada o quentinho aqui dentro o barulho lá fora os menino dormindo o sono chegando os olhos fechando o aconchego do homem a vó tá dormindo televisão tá ligada um silêncio lá fora um silêncio esquisito um tempo parado um sufoco no peito uma coisa esquisita um medo que chega um escuro aqui dentro o homem dormindo os menino do lado todo mundo bem quieto o sono não chega um medo danado um aperto aqui dentro um silêncio... um ESTOURO o corpo tremendo um grito todo mundo acordado desespero chegando outros gritos lá fora gente correndo os menino do lado todo mundo apertado encolhido no canto a vó assustada televisão tá ligada um ESTOURO os menino chorando tapando os ouvido a vó tá rezando o homem calado olhando pro chão todo mundo abraçado o corpo tremendo o barulho lá fora as pessoas gritando o silêncio aqui dentro a porta batendo as pessoas lá fora todo mundo correndo pedindo e gritando batendo na porta chamando os vizinho pedindo pra entrar um ESTOURO bem perto uma falta de ar a fumaça que entra o inferno lá fora as pessoas gritando batendo na porta o vizinho de baixo o pessoal lá de cima os amigo da gente as família as criança pedindo pra entrar o marido abre a porta um ESTOURO a casa invadida todo mundo aqui dentro escondido do fogo dos tiro dos chute fugindo da rua o barulho lá fora o fogo bem perto todo mundo aqui dentro apertado aqui dentro todo mundo quietinho escondido com medo um ESTOURO do lado os ouvido zunindo a tontura girando tá tudo girando a vista escurece os menino chorando os ouvido tapado o marido do lado a vó tá rezando todo mundo aqui dentro o xixi dos menino a porta fechada os tiros lá fora um ESTOURO o marido molhado um vermelho molhado eu fico encolhida tá tudo zunindo tá tudo molhado um vermelho molhado a vó desespero na boca sacode meu marido o filho o marido tá tudo vermelho os menino do lado pijama molhado os gritos sumiram o silêncio de novo tá quente e molhado eu tremendo encolhida um zunido no ouvido um aperto aqui dentro um aperto um aperto um aperto danado a moleza do corpo vai tudo sumindo tá tudo vermelho meu amor vai sumindo ele vai indo embora meu corpo parado eu não consigo mexer não consigo falar ele vai embora meu homem ele vai me deixar vai sumindo vermelho tudo molhado um quente molhado um frio na alma vazia pra sempre um buraco no peito.

## EPÍLOGO

*ensejo*

*oportunidade*

*sinônimos de maré*

*nos mares fechados as amplitudes são mais frequentemente nulas ou quase nulas.*


Marcio Abreu

Para o grupo espanca! com afeto.
maio de 2015

# PROJETO bRASIL

de **Marcio Abreu**

*PROJETO bRASIL* estreou em setembro de 2015 no Teatro José Maria Santos, em Curitiba.

**Texto e direção**
Marcio Abreu

**Dramaturgia**
Giovana Soar, Marcio Abreu, Nadja Naira, Rodrigo Bolzan

**Elenco**
Giovana Soar, Nadja Naira e Rodrigo Bolzan

**Músico**
Felipe Storino

**Trilha e efeitos sonoros**
Felipe Storino

**Direção de movimento**
Marcia Rubin

**Iluminação**
Nadja Naira e Beto Bruel

**Cenografia**
Fernando Marés

**Figurino**
Ticiana Passos

**Assistência de direção**
Nadja Naira

**Orientação de texto e consultoria vocal**
Babaya

**Direção de produção e administração**
Cássia Damasceno

**Produção executiva**
Isadora Flores

**Produção e operação técnica**
Henrique Linhares

**Estagiária de produção**
Amanda Nogueira

**Transcrições**
Henrique Linhares

**Revisão de tradução**
Kysy Fischer

**Projeto gráfico**
45JJ

**Fotos**
Elenize Dezgeniski, Marcelo Almeida e Nana Moraes

**Assessoria de imprensa**
Fabiano Camargo (FC Comunicação)

**Cenotécnica**
Anderson Quinsler e Nietzsche

Esta peça é uma composição dramatúrgica articulada em 16 discursos verbais e não verbais, de natureza performativa, cujos títulos estão grafados em negrito ao longo do texto. Algumas referências: o discurso 2 foi criado a partir de improvisações do ator Rodrigo Bolzan em sala de ensaio; o discurso 4 é uma adaptação de uma sequência de discursos públicos reais, proferidos pela ex-Ministra da Justiça da França Christiane Taubira; os discursos 7 e 15 são textos originais escritos por Marcio Abreu durante o processo de criação da peça; os discursos 6 e 12 foram escritos coletivamente, num critério de composição com palavras no espaço, e transformados em música por Felipe Storino; o discurso 10 é uma adaptação de um discurso público real proferido na ONU por Pepe Mujica, ex-Presidente do Uruguai.

O texto e a dramaturgia desta peça foram criados em simultaneidade com a criação do acontecimento teatral.

Esta é uma estrutura aberta.

## PROJETO bRASIL

*preto sobre preto*
*espaço que sugere movimento*
*parede curva, sobrepalco circular que gira, sentido espiral*
*fim de festa*

### DISCURSO 1

*1 guitarra. vários microfones. 4 pessoas estão ali. vestem preto. bebem cachaça. cantam **canções brasileiras**. inventam canções. incluem as pessoas do público que chega. oferecem cachaça. cruzam de maneira incomum o espaço da plateia. circulam por entre as poltronas e as pessoas. ocupam o palco sugerindo marcas e imagens que retornarão durante a peça. convivem. o tempo varia na dinâmica do espaço, das pessoas e da situação.*

### DISCURSO 2

*1 homem, imerso na situação de convívio da cena anterior, toma a palavra para si, em meio ao público. depois, segue pa-*

*ra um microfone no centro do sobrepalco circular. faz um*
**discurso para depois do fim**.

Primeiro, eu gostaria de agradecer a chance que eu recebi de estar aqui diante de vocês, é um momento absolutamente sem sentido, ser colocado nessa situação, de fim, ter que dizer pra vocês, diante de vocês, para vocês, o que vem depois do fim. Então eu tenho algumas palavras pra dizer, são poucas, mas eu quero dividir, porque sem vocês eu faria da mesma maneira, mas eu quero fazer diante de vocês, com vocês, para vocês, essas palavras que devem vir depois do fim, essas são as palavras que vêm depois do fim, isso começa como um pedido, com um pedido que se assemelha a uma ordem e eu detesto ordens, que deve ser entendido como uma prece e eu não sei muito bem o que fazer com as preces, ou ainda como a tentativa de dizer algo que deve ser esquecido, isso sim, algo que não pode ser lembrado por nenhum de vocês, assim como eu esqueci, eu estou aqui dizendo palavras que eu não lembro, essas palavras dizem respeito a todas as pessoas distantes, às pessoas a quem eu fiz mal, a quem eu ajudei, a todas as pessoas pra quem eu dei a mão quando elas estavam caindo dentro de um buraco enlamaçado, quando elas estavam ficando sem ar, às pessoas nas quais eu pisei nessa hora, às pessoas que eu tirei de lá, todas elas devem esquecer essas palavras, essas palavras que vêm depois do fim, essas palavras querem agradecer aos astros, aos astros que não foram estudados direito, aos astros que ainda vão existir, aos astros que foram responsáveis por esse fim que nós estamos vivendo, e por todas as oportunidades que tivemos de nos encontrar, pra fazer alguma coisa importante... pelo seu vizinho, pelo seu irmão, por um desconhecido, todas essas palavras devem estar contidas nisso, tudo o que eu tenho a dizer tem que caber em trinta segundos, tudo o que eu tenho a dizer já foi dito, já foi escrito e vivido por alguém muito mais emocionado do que eu, com uma voz muito mais potente do que a minha, essa voz deve ser esquecida por todos vocês, assim como eu esqueci, não há uma voz dizendo nada pra vocês aqui.

*escuro. reverberação.*

## DISCURSO 3

*1 mulher num microfone no centro do sobrepalco circular. tenta falar.* **quedas sucessivas.** *segue tentando falar. segue caindo.*

Eu gos / Eu gostaria / Eu gostaria de / Eu gostaria de agrad / Eu gostaria de agradecer / Eu gostaria de / Eu gostaria / Eu gos / Eu gostaria de / Eu gostaria de agradecer / Eu gostaria / Eu gostaria de / Eu gos / Eu gostaria de agrad / Eu gostaria de agradecer

*escuro. reverberação.*

## DISCURSO 4

*um homem e uma mulher, lado a lado, no fundo do sobrepalco circular. corpos imóveis na iminência do movimento.*

*eles ouvem suas vozes em off. nós os vemos ouvindo suas vozes em off. nós ouvimos suas vozes em off. todos ouvimos. eles se deslocam. sempre na iminência de algo. eles ouvem. nós ouvimos. nós os vemos ouvindo suas vozes e se deslocando em nossa direção. eles se beijam. longamente. eles nos beijam. cada um beija. todos beijam. ou melhor. todos são convidados a beijar. durante o beijo ouvimos a canção "Dimokransa", de Mayra Andrade.*

*as vozes dos atores em off que ouvimos falam as palavras proferidas por Christiane Taubira, ex-Ministra da Justiça da França, numa sequência de discursos apresentados em nome do governo, defendendo a proposta de lei para o casamento entre pessoas do mesmo sexo e a adoção.*

*escuro. luz sobe lentamente. imagem cênica dos atores parados ao fundo. avançam aos poucos.*

Senhor presidente da Comissão de Leis, senhora Presidente da Comissão de Assuntos Sociais, senhoras e senhores relatores, senhoras e senhores deputados. Temos a honra e o privilégio, a Ministra da Família e eu mesma, de apresentar aos senhores em nome do governo uma proposta de lei traduzindo o compromisso do Presidente da República. Nunca subestimamos a importância desta reforma e é por isso que em todas as audições que aconteceram recebemos com o maior respeito todas as pessoas que aceitaram ser ouvidas. Nós sabemos, nós sabemos quanto os trabalhos da comissão são úteis. Esses trabalhos melhoraram o texto. Todos vocês aprimoraram esta proposta de lei. Vocês a enriqueceram. Vocês estavam aí durante as longas noites de debate. Vocês estavam aí. Vocês permaneceram inabaláveis, às vezes, diante dos discursos de ódio que eram contra os nossos valores mais profundos.

Mas houve também lindas e grandiosas expressões de democracia. Na oposição, tivemos discursos dos deputados que lutaram contra a proposta e que fizeram firmes objeções.

*escuro. interrupção. luz sobe lentamente. imagem cênica dos atores que ouvem e se deslocam na direção do público. avançam aos poucos.*

Na oposição, tivemos discursos dos deputados que lutaram contra a proposta e que fizeram firmes objeções. Estamos gratos a eles igualmente, porque suas objeções serão, também, registradas pela história. Nós sabemos que construímos algo juntos. Sabemos que nós não tiramos nada de ninguém. Quando os primeiros sinais de divergência...

*escuro. interrupção. luz sobe lentamente. imagem cênica dos atores que ouvem e se deslocam na direção do público. avançam aos poucos.*

Quando os primeiros sinais de divergência surgiram na sociedade, nós nos questionamos. Questionamo-nos se nossas crenças eram suficientes. Atentamente, ouvimos os medos e os protestos da oposição. Nós respondemos. Lucidamente. Claramente. Francamente. O casamento civil tem a marca da igualdade. Esta marca de igualdade é assinalada pelo fato de que se trata de uma verdadeira conquista fundadora da República. Uma conquista levada a cabo no contexto de um movimento geral de laicização da sociedade. Esta conquista da República marcou toda a sua importância essencialmente para aqueles que eram excluídos do casamento na época.

Até então, o casamento era destinado apenas aos crentes. Eram excluídas também pessoas com certas profissões, por exemplo os atores. Os atores, porque a religião proclamava que não poderia reconhecer as práticas infames dos atores de teatro. O casamento não é mais do que um contrato, e o Poder Legislativo estabeleceu, sem distinção, para todos os habitantes, o modo pelo qual os casamentos, os nascimentos e os óbitos seriam constatados, seriam constatados... Já não se trata de uma autorização, mas de uma constatação, de um registro. Estamos, portanto, na liberdade. Esta liberdade de se casar não se concebe sem a liberdade de se divorciar. E porque o casamento vai justamente se separar deste sacramento que o precedia, o casamento poderá representar os valores republicanos e integrar progressivamente as evoluções da sociedade. O casamento, então, acompanhado do divórcio reconhece a liberdade, mas também a liberdade de não se casar, e é por isso que é possível e que a lei reconhece as famílias constituídas sem o casamento e que progressivamente a lei vai acrescentar o reconhecimento dos filhos das famílias constituídas sem o casamento. Porque, na verdade, esse casamento que conseguiu se separar do sacramento vai se separar também de uma ordem social que é fundada sobre uma concepção patriarcal da sociedade. Essa concepção patriarcal da sociedade faz do marido e do pai os proprietários, os donos do patrimônio, naturalmente, mas também da esposa. E dos filhos. Esse... Essa... Essa evolução do casamento e do divórcio, que permitirá doravante ao casal escolher livremente a organização da sua vida, será inscrita na lei. Porque durante dois séculos a instituição do casamento conheceu uma evolução em direção à igualdade. E é exatamente isso que estamos fazendo hoje, aprimorando a evolução em direção à igualdade dessa instituição que nasceu com a laicização da sociedade. Relembro que faz pouco mais de quarenta anos, ou seja, vivem ainda hoje mulheres que precisaram de autorização do marido para abrir uma conta bancária, para assinar um contrato ou para dispor do seu salário, ou seja, para serem reconhecidas como sujeitos de direito. Essa evolução em direção à igualdade. Essa evolução em direção à igualdade que vai modernizar a nossa instituição do casamento reconhecendo a mulher como um sujeito de direito, vai também progressivamente reconhecer os direitos dos filhos. Pela lei de 1972 o legislador decide deixar de reconhecer... de estabelecer uma diferença entre filhos legítimos e ilegítimos. O filho, então, torna-se igualmente sujeito de direito. Ao apresentar hoje este projeto de lei que contém dispositivos abrindo o casamento com direitos iguais e a adoção com direitos iguais aos casais homossexuais, o governo escolhe permitir aos casais de mesmo sexo entrar nessa instituição e poder constituir uma família, como os casais heterossexuais. Quer dizer, poder fazê-lo.

*escuro. interrupção. luz sobe lentamente. imagem cênica dos atores que se beijam e se deslocam na direção do público. avançam aos poucos.*

Quer dizer, poder fazê-lo ou por uma união de fato, que chamamos de concubinato, ou por um contrato, que chamamos de união estável, ou pelo casamento. E é exatamente essa instituição que o governo decidiu abrir aos casais de mesmo sexo. É um ato de igualdade. Não se trata de um casamento de segunda categoria. Não se trata de uma união civil, por assim dizer, arranjada. Não se trata de uma brecha.

Não se trata de uma enganação. Trata-se do casamento enquanto contrato entre duas pessoas, enquanto instituição produzindo regras de ordem pública. Sim, é exatamente o casamento com toda a sua carga simbólica e nas mesmas condições e com todas as suas regras de ordem pública que o governo abre para os casais de mesmo sexo. Porque como é que podemos explicar que duas pessoas que se encontraram, que se amam, que envelheceram juntas, deveriam consentir, deveriam consentir à precariedade, por uma fragilidade, ou até mesmo uma injustiça, apenas pelo fato de que a lei não lhes reconhece os mesmos direitos que a outros casais igualmente estáveis que escolheram construir a sua vida. Então, sejamos claros. O que o casamento homossexual vai retirar dos casais heterossexuais? Então, então, se ele não retira nada... Então, se ele não retira nada...

*música: "Dimokransa".*

Então, se ele não retira nada, nós vamos ousar. Nós vamos ousar dar nome. Nós damos nomes.

*os atores beijam as pessoas da plateia.*

*fim da música. cessam os beijos. os atores agora falam em meio ao público. tomam para si o discurso que ouviam. que ouvíamos.*

Nós vamos ousar dar nomes aos sentimentos e aos comportamentos. Nós damos nomes e falamos de hipocrisia. E falamos de hipocrisia para aqueles que se recusam a ver essas famílias homoparentais e seus filhos expostos aos acidentes e às vicissitudes da vida. Nós vamos dar nome e nós falamos de egoísmo para aqueles que imaginam que uma instituição da República poderia estar restrita a uma categoria de cidadãos. Nós dizemos que sim, que o casamento aberto aos casais de mesmo sexo, o casamento aberto aos casais de mesmo sexo, ilustra bem a divisa da República, a liberdade de escolher, a liberdade de decidir viver junto. Proclamamos com esse texto a igualdade, a igualdade de todos os casais, a igualdade de todas as famílias. E nós dizemos também que há neste ato um gesto de fraternidade, porque nenhuma diferença pode servir de pretexto às discriminações do Estado. Então, os senhores protestam, os senhores protestam em nome de um pretenso direito a ter filhos. Em nome de um pretenso direito a ter filhos. Sim, um pretenso direito a ter filhos. Em nome de um pretenso direito a ter filhos. Que não existe. Porque o casamento e a adoção são abertos aos casais do mesmo sexo exatamente nas mesmas condições que para os casais heterossexuais. Dito de outra forma, ou os senhores nos dizem que os casais heterossexuais têm direito a ter filhos inscrito no Código Civil, ou então esse direito a ter filhos não existe. E de fato ele não existe e os casais homossexuais terão o direito de adotar nas mesmas condições que os casais heterossexuais. E em nome... Em nome de um pretenso direito a ter filhos os senhores recusam, os senhores recusam os direitos das crianças que os senhores escolhem não ver, os senhores recusam os direitos das crianças que os senhores escolhem não ver. O texto que nós apresentamos não tem nada de contrário à Convenção Internacional dos Direitos da Criança, ao contrário, ao contrário, ele protege as crianças que os senhores se recusam a ver e os casais homossexuais poderão adotar nas mesmas condições que os casais heterossexuais, quer dizer, com os mesmos procedimentos, sendo a adoção estabelecida em conformidade com o Código Civil. Consequentemente, as objeções dos senhores não têm fundamento, a não ser por uma real dificuldade, a não ser por uma real dificuldade de incluir em suas representações a legitimidade desses casais de mesmo sexo. Mas os seus filhos e os seus netos já os incluem e vão incluir cada vez mais. Nós decidimos então abrir o casamento e a adoção aos casais de mesmo sexo. Então, os senhores podem continuar se recusando a ver. Os senhores podem continuar se recusando a olhar em volta. Os senhores podem continuar se recusando a tolerar a presença, inclusive perto dos senhores. Inclusive, talvez, mesmo nas suas famílias, de casais homossexuais. Os senhores podem sempre conservar o olhar obstinadamente voltado para o passado, e ainda, e ainda olhando bem para o passado, os senhores encontrarão, os senhores encontrarão traços perenes do reconhecimento oficial, inclusive pela Igreja, de casais homossexuais.

*os atores voltam ao palco.*

Os senhores escolheram protestar contra o reconhecimento dos direitos desses casais, isso só diz respeito aos senhores. Nós estamos orgulhosos do que estamos fazendo... Esse projeto de lei nos levou a pensar sobre o outro, a consentir a alteridade. Pensar o outro, dizia Emmanuel Levinas, ter a irredutível preocupação com o outro. Foi isso que nós fizemos ao longo de todo esse debate. Obrigado(a) aos senhores.

## DISCURSO 5

*suspensão. silêncio. 1 mulher se destaca no proscênio, à frente do sobrepalco circular. 1 homem, em meio ao público, olha para ela. olha insistentemente para ela. os outros atores em cena percebem e se retiram. ele continua a olhar para a mulher. seu olhar é de sedução. ele volta para o palco, sempre olhando para ela. insistentemente. aproxima-se dela. tenta beijá-la. ela recusa e se afasta. ele insiste. ela recusa uma vez mais. ele insiste. bate nela com violência. beija-a à força. ela tenta escapar. grita. ele a ataca com violência. invade seu corpo. rasga sua roupa. ela tenta escapar. grita. reage. os dois formam imagens de violência na parede curva ao fundo da cena. enquanto isso, outra mulher arremessa violentamente contra eles pequenos objetos que explodem espalhando tinta preta ao atingir os corpos e a parede curva. sangue preto. enquanto isso, outro homem capta as vozes e os ruídos com microfones e reverbera os sons de violência. 1 mulher e 1 homem desfigurados. trôpega, a mulher se aproxima do microfone no centro do sobrepalco circular e tenta falar.*

Ar ar eu ar esse sou ar ar ar eu de esper que não se descansa verme minei.

*os outros atores aproximam-se dela. agora 2 mulheres e 2 homens. desfigurados. de frente para o público. alinhados lado a lado em cima do sobrepalco circular. suspensão. música!*

## DISCURSO 6

*2 mulheres e 2 homens. desfigurados. 1 guitarra. 1 microfone. 1 homem toca e canta. 1 homem e 1 mulher dançam uma dança gaga. 1 mulher olha. parada. ao final da música, resta apenas 1 homem em cena.*

Ai, Neide Caveirão /
Titia Mirian /
Sr. Antônio polaco /
Oi, Miséria real /
Fora vocês, amigos /
104 índios morto caiu na calçada /
Ai, brasileiro /
Estava enfiado nos continente invadido /
Chefe mortinho, tadinho /
Travessias lágrimas daí
Entre ficção /
Realidade /
O sangue sangrento subiu enjoado /
Uzôme /
Cadeado gente fina fulano bagaça sem sentido pressão /
Pelamordedeus (ai, ai, ai, ai) /
Dona violência (ô yes, ô yes) /
Frágil criança (si si si si) /
Noel sabia /
Tiziu pauzudo fodeu alemão /
Profundamente /
Dentro o Carlos perdeu pra vovó Ceição /
Balançando as bijuteria bruxaria /
D. Eva dança uma dancinha de repente será será /
As-sas-si-nada /
Atiraí encarei diferença /
Eu sou muito melhor brasil /
Moldura cocaína 100% pura claridade existe fome sim /

Nossa Sra. Que pariu! Caralho bunda suja como autoridade /
Cervejinha Jurubeba Badulaque Fedentina /
Estrelas na Rua Miséria /
Estrelas miséria infernal /
Estrelas infernal Sr. Coiso /
Estrelas Sr. Coiso fugindo xiii /
Greve Geral /
Chuva inédita /
Ponte aterro /
Locomoção /
Ônibus van barco quebrado /
Encheu enchente submersa /
Maré cultural lugar rotineiro /
Futuro Oásis Amarelo /
Futuro Oásis Amarelo


**DISCURSO 7**

*resta apenas 1 homem. desfigurado. num canto do sobrepalco circular. seu rosto se ilumina. ele tenta articular sua fala. ele hesita. aproxima-se. ocupa o proscênio. se endereça ao público.*


Ar ar eu ar esse sou ar ar ar eu de esper que não se descansa verme minei sem do vro chu sabe morr dade não per tu mu ru cê eu estava so segue as pessoas meu ar ar isso as pess se aglo sai minha ca isso segue ia ago per a quilôme essa cois a ar ar ia pra algum ar eu ia me a a a ar ar ar e nem são di eles di são a a a gira e não fui chu de água e voltar a sim chão eu lava a minha ca até morrer dado a e bater a rada a tele dado nador tem nho po pele do

furio sem a perna verme do do o negó de morr sa
fora a pra quilo mas é bom do mundo e eu não ro
que guém m ça a gente preser to um lu a vida lem
de do acontece não desis eu vi e iss me impre de
den o susto o fim ainda não chegou fiquei hora a
gargalhadas procura o o lu casa é loucu a bater a beleza você poss a vi da gente olhar isso re eu ain isso
realmente me impressionou ainda não terminei a
pele torrada de sol ele sentado no chão o velho ali-
nhado em pleno planalto vindo de longe falando de
tudo embaixo de uma árvore a pele torrada de sol e
todo mundo sorriu e saiu pra comprar e pintaram as
fachadas das casas e ficou lotado de gente a gente
não sabe no que acreditar nem pra onde olhar quando o cachorro grudado na perna do sujeito quase
morreu não se sabe quantos policiais se recusaram
a bater e o governador vai pra televisão e cara de
pau uma tragédia a gente não sabe no que acreditar nem pra onde olhar eles jogaram tinta vermelha
na fonte na frente do palácio e baixaram a bandei-
ra a meio mastro e eu acordei uma chuvarada na
hora de voltar do trabalho o ônibus parou um conforto chegar em casa o ônibus parou na enchente
uma ventania todo mundo desceu água pela canela
a gente não consegue pensar o bom é ter um lugar
pra voltar eu fico me deslocando e quando a gente
volta é um conforto chegar em casa e saber que ali
você descansa todo mundo comendo isso é bom eu
me lembro da minha primeira professora e a festa
do livro pra vida toda e eu acordei uma chuvarada
na hora de voltar do trabalho a gente viaja pra fora
e aqui dentro um susto e você procura procura e
é impossível encontrar num preço que você possa
pagar vai financiar pra vida toda é uma loucura os
preços das coisas é enorme não dá pra conhecer
tudo uma chuvarada uma água sem fim naquele rio

que é mar que a gente não entende um mundo inteiro ali dentro cheio de bichos e gente e árvores gigantes na água e eu fiquei horas pra chegar um engarrafamento de quilômetros é uma dimensão muito grande isso aqui é enorme não dá pra conhecer tudo é avião pra cima e pra baixo a gente viaja pra fora e aqui dentro um susto eu tomei quando vi aquela gente vindo pra cima aqueles guardas armados até os dentes bomba de gás e todo mundo correndo é medo de tudo uma beleza de lugar às gargalhadas, eu ainda não terminei, como é que eu vou voltar e achar essa papelada eu vim faz tempo um calor danado não tinha trabalho mas aqui também não e esses políticos são todos uns filhos da puta e os homens saíram de suas casas a casa fria a rua quente a presidenta uma fila enorme a mulher-boto ela nada com os botos a mulher marrom naquela água negra um chá que eu bebi Roberto Carlos cantando e o mundo gira gira na selva imensa eu ainda não terminei fui pedir um emprego e disse que tinha que providenciar todos os documentos na minha cidade a coisa tá feia, como é que eu vou voltar e achar essa papelada os filhos todos crescidos a gente batalha é avião pra cima e pra baixo todo mundo pode os lugares bonitos eu vim faz tempo um calor danado não tinha trabalho mas aqui também não e esses políticos e a gente vê muita coisa. Muita coisa acontece é tudo muito. E eu quero tentar entender tudo. Eu morro de medo de ficar velho e esquecido num canto. Sozinho na frente de uma televisão. Parado até morrer. Mas eu também acho bonito ficar velho deixar o corpo ir se desenhando com o peso dos tempos. E é possível rir de alguns medos e, mais ainda, de algumas imaginações. E eu estou falando de onde? Eu não quero esquecer de tudo, só de algumas coisas. Eu vi gente e eu vi coisas. Tinha muita gente, chega me dar arrepio. Mas é bom, a gente lembra que está vivo. Dá um arrepio e você diz opa! tem alguém aqui. Tem um negócio rolando aqui dentro. Ainda tem carne aqui. Carne viva, vermelha. Tem substância aqui. Eu esqueço às vezes. Se é pra morrer cedo é melhor estar bem vivo e não esquecido num canto com a carne podre. Eu falava assim eu não quero que ninguém me esqueça. Eu esqueço às vezes, não é bom lembrar de tudo, porque a gente não aguenta, mas eu também não quero que ninguém me esqueça. O tempo vai passando e a cabeça vai ficando cheia. A gente vê muita coisa. Muita coisa acontece é tudo muito. E eu quero tentar entender tudo. E como é que faz pra permanecer e não explodir? Eu ainda não terminei. Eu falava assim pra quem viesse me perguntar o que eu estava fazendo. Eu dizia que ainda não tinha terminado e que ia permanecer. Um monte de gente passou na minha frente. Tinha muita gente. Eu morro de medo de ficar no meio de tanta gente. Só de pensar fico sem ar. Cada vez mais as pessoas se aglomeram. Você sai e as ruas estão cheias. Na minha cidade as pessoas ficam sozinhas. Não têm o hábito de se visitar assim, sem mais nem menos. A gente se preserva. Se esconde. E morre cedo. Mas aquilo que a gente guarda apodrece ou fica esquecido pra sempre. Eu falava de permanecer apesar de tudo. Pronto pra qualquer coisa. Você sabe, é muito difícil não desistir. E eu vi muita coisa. Todo mundo vê muita coisa, mesmo quem não pode ou não quer. Se você fica parado um instante onde você está, é impressionante a quantidade de coisas que acontecem diante de você, apesar de você, sem que você possa nem mesmo interferir, impedir, mudar o rumo, sei lá, fazer qualquer coisa. Eu ainda não terminei. Este sou eu. Naquele momento eu estava realmente muito furioso, cheio de raiva. Eu fico muito impressionado com a maneira como eu saí daquela situação. Isso realmente me impressiona. Realmente, eu pensava que tinha que falar sobre os meus valores, que eu sempre tive a capacidade de não perder. Eu não falava de esperança, porque realmente não sei o que isso significa, mas de nunca perder a inteligência de tentar entender tudo apesar de todas as contradições.

## DISCURSO 8

*1 mulher, desfigurada, entra em cena antes do homem terminar sua fala. ela tem 1 cadeira, 1 balde com água e 1 pano. ela observa o homem desfigurado, enquanto ele prossegue sua fala. ela começa a se limpar. ela decide trazer o homem para cima do sobrepalco circular. ele continua sua fala. ela o despe e começa a limpá-lo. ele termina de falar. ele cai. ela dá um banho nele. ela se despe. ela se banha.*

## DISCURSO 9

*1 mulher e 1 homem, nus, no centro do sobrepalco circular que gira. são 2 bebês. são 2 bichos. são 1 bicho e 1 bebê. são 1 homem e um bicho. são 1 bicho e 1 mulher. são 1 mulher e 1 bebê. são 2 bichos. são 1 bebê e 1 homem. são 2 bebês. são 1 bebê e 1 bicho. são 1 mulher e 1 bebê. são 2 bebês. são 2 bichos. (...) são 1 bebê e 1 homem.*

*sons de vozes ao vivo entoadas e sobrepostas num crescente. reverberação. o sobrepalco circular cessa de girar. cor-*

*te abrupto. vemos a imagem de 1 homem vestindo apenas 1 casaco e 1 óculos diante de 1 microfone. ele fala.*

**DISCURSO 10**

*durante a fala do homem, 1 mulher vai trazendo mais microfones. 1 homem diante de muitos microfones. sua fala é legendada. ele diz partes de 1 discurso proferido por Pepe Mujica, ex-presidente do Uruguai, em conferência na ONU. na parte final de sua fala, ele deixa os microfones, passa a falar em português, aproxima-se do público, começa a ler as legendas em português, depois para de ler e, junto com o público, lê em silêncio as legendas do texto até o final.*

Amigos todos, soy del sur, vengo del sur. Esquina del Atlántico y del Plata, mi país es una penillanura suave, templada. Su historia de puertos, cueros, tasajo, lanas y carne. Tuvo décadas púrpuras, de lanzas y caballos, hasta que por fin al arrancar el siglo XX se puso a ser vanguardia en lo social, en el Estado, en la enseñanza.

Hoy hemos resurgido en este mundo globalizado tal vez aprendiendo de nuestro dolor. Mi historia personal, la de un muchacho — porque alguna vez fui muchacho — que como otros quiso cambiar su época y su mundo, tras un sueño de una sociedad libertaria y sin clases. Mis errores en parte son hijos de mi tiempo. Obviamente los asumo, pero hay, hay veces que me grito con nostalgia: ¡quién tuviera la fuerza de cuando éramos capaces de abrevar tanta utopía!

Sin embargo no miro hacia atrás porque el hoy real nació en las cenizas fértiles del ayer. Por el contrario, no vivo para cobrar cuentas o reverberar recuerdos.

Me angustia — y de qué manera — el porvenir que no veré, y por el que me comprometo. Sí, es posible un mundo con una humanidad mejor, pero tal vez hoy la primera tarea sea salvar la vida. Pero soy del sur y vengo del sur a esta asamblea.

Cargo inequívocamente con los millones de compatriotas pobres, en las ciudades, los páramos, en las selvas, en las pampas, en los socavones de la América Latina, patria común que se está haciendo. Cargo con el deber de luchar por patria para todos.

Y cargo con el dever de luchar por tolerancia. La tolerancia se precisa para con aquellos que son distintos y con los que tenemos diferencias y discrepamos. No se precisa la tolerancia para los que estamos de acuerdo. La tolerancia es el fundamento de poder convivir en paz, y entendiendo que en el mundo somos diferentes.

El combate a la economía sucia, al narcotráfico, a la estafa y el fraude, a la corrupción, plagas contemporáneas, prohijadas por ese antivalor, ese que sostiene que somos más felices si nos enriquecemos sea como sea. Hemos sacrificado los viejos dioses inmateriales. Y ocupamos el templo con el dios mercado, él nos organiza la economía, la política, los hábitos, la vida y hasta nos financia en cuotas y tarjetas, la apariencia de felicidad.

Prometemos una vida de derroche y despilfarro. En el fondo, constituye una cuenta regresiva contra la naturaleza, contra la humanidad como futuro. Civilización contra la sencillez, contra la sobriedad, contra todos los ciclos naturales, pero peor: civilización contra la libertad que supone tener tiempo para vivir las relaciones humanas, lo único trascendente: amor, amistad, aventura, solidaridad, familia.

Arrasamos las selvas, las selvas verdaderas, e implantamos selvas anónimas de cemento. Enfrentamos al sedentarismo con caminadores, al insomnio con pastillas, a la soledad con electrónica. ¿Es que somos felices alejados de lo eterno humano? Cabe hacerse esta pregunta. La política, la política, la eterna madre del acontecer humano quedó engrillada a la economía y al mercado, de salto en salto la política no puede más que perpetuarse, y como tal delegó el poder y se entretiene, aturdida, luchando por el gobierno. Desbocada marcha de historieta humana, comprando y vendiendo todo, e innovando para poder negociar, de algún modo, lo que es innegociable. Hay marketing para todo, para los cementerios, los servicios fúnebres, las maternidades; marketing para padres, para madres, para abuelos y tíos, pasando por las secretarias, los autos y las vacaciones. Todo, todo es negocio.

El hombrecito, el hombrecito promedio de nuestras grandes ciudades, deambula entre las financieras y el tedio rutinario de las oficinas, a veces atemperadas con aire acondicionado. Siempre sueña con las vacaciones y la libertad, siempre sueña con concluir las cuentas, hasta que un día el corazón se para, y adiós. Habrá otro soldado cubriendo las fauces del mercado, asegurando la acumulación. Es que la crisis es la impotencia, la impotencia de la política, incapaz de entender que la humanidad no se escapa, ni se escapará del sentimiento de nación. Sentimiento que casi está incrustado en nuestro código genético, de algún lado somos.

Pero hoy, hoy, es tiempo de empezar a batallar para preparar un mundo sin fronteras. La economía globalizada no tiene otra conducción que el interés privado, de muy pocos, y cada Estado nacional mira su estabilidad continuista, y hoy, la gran tarea para nuestros pueblos, en nuestra humilde manera de ver, es el todo.

Más claro, más claro: creemos que el mundo requiere a gritos reglas globales que respeten los logros de la ciencia, que abunda. Pero no es la ciencia la que gobierna el mundo.

Ni los Estados Nacionales grandes, ni las transnacionales y mucho menos el sistema financiero deberían gobernar el mundo humano. Sí, la alta política entrelazada con la sabiduría científica: allí está la fuente.

Nuestra época es portentosamente revolucionaria, como no ha conocido la historia de la humanidad. Pero no tiene conducción consciente.

La codicia, tan negativa y tanto motor de la historia, eso que empujó al progreso material técnico y científico, que ha hecho lo que es nuestra época y nuestro tiempo y un fenomenal adelanto en muchos frentes, paradojalmente, esa misma herramienta, la codicia que nos empujó a domesticar la ciencia y transformarla en tecnología, nos precipita a un abismo brumoso, a una historia que no conocemos, a una época sin historia, y nos estamos quedando sin ojos ni inteligencia colectiva para seguir colonizando y perpetuar transformándonos.

La codicia individual ha triunfado largamente sobre la codicia superior de la especie. Aclaremos, ¿qué es el todo?, esa palabra que utilizamos. Para nosotros es la vida global del sistema Tierra incluyendo la vida humana con todos los equilibrios frágiles que hacen posible que nos perpetuemos. Por otro lado, más sencillo, menos opinable y más evidente. En nuestro Occidente, particularmente, porque de ahí venimos aunque venimos del sur, las repúblicas que nacieron para afirmar que los hombres somos iguales, que nadie es más que nadie, que sus gobiernos deberían de representar el bien común, la justicia y la equidad; muchas veces, las repúblicas se deforman y caen en el olvido de la gente corriente, la que anda por las calles, el pueblo común.

En los hechos, ese hombre de la calle debería ser la causa central de la lucha política en la vida de las repúblicas. Los gobiernos republicanos deberían de parecerse cada vez más a sus respectivos pueblos en la forma de vivir y en la forma de comprometerse con la vida.

El hecho es que cultivamos arcaísmos feudales, cortesanismos consentidos, hacemos diferenciaciones jerárquicas que en el fondo socavan lo mejor que tienen las repúblicas: que nadie es más que nadie.

Oigan bien, queridos amigos: en cada minuto del mundo, en cada minuto se gastan dos millones de dólares en presupuestos militares en esta Tierra. Dos millones de dólares por minuto en presupuesto militar!

Este proceso del cual no podemos salir es ciego. Asegura odio y fanatismo, desconfianza, fuente de nuevas guerras y esto también, derroche de fortunas. Entonces cada cual hace vela de armas de acuerdo a su magnitud, y allí estamos porque no podemos razonar como especie, apenas como individuo.

Porque no somos iguales. No podemos ser iguales en este mundo donde hay más fuertes y más débiles. Por lo tanto, es una democracia planetaria herida.

En lo más profundo de nuestro corazón, existe un enorme anhelo de ayudar a que el hombre salga de la prehistoria.

Hasta que el hombre no salga de esa prehistoria y archive la guerra como recurso cuando la política fracasa: esa es la larga marcha y el desafío que tenemos por delante. Y lo decimos con conocimiento de causa, conocemos la soledad de la guerra.

Paralelamente, hay que entender que los indigentes del mundo no son de África o de América Latina, son de la humanidad toda, y ésta debe, como tal, globalizada, propender a empeñarse en su desarrollo, en que puedan vivir con decencia por sí mismos. Los recursos necesarios existen. Toda la base material ha cambiado y ha tambaleado; los hombres, con nuestra cultura, permanecemos como si no hubiera pasado nada, y en lugar de gobernar la globalización, esta nos gobierna a nosotros.

*começa a ler as legendas em português. se coloca junto do público.*

Contudo, com talento, trabalho coletivo e ciência, o homem, passo a passo, é capaz de transformar em verde os desertos. O homem pode levar a agricultura ao mar. O homem pode criar vegetais que vivam na água salgada. A força da humanidade se concentra no essencial. É incomensurável. Ali estão as mais espantosas fontes de energia. O que sabemos da fotossíntese? Quase nada. A energia no mundo sobra, se trabalharmos para usá-la bem. É possível acabar tranquilamente com toda indigência do planeta. É possível criar estabilidade e será possível para as gerações futuras se conseguirem começar a raciocinar como espécie e não só como indivíduos.

*para de ler. ficam só as legendas.*

Mas, para que todos esses sonhos sejam possíveis, precisamos governar a nós mesmos ou sucumbiremos, ou sucumbiremos porque não somos capazes de estar à altura da civilização que fomos desenvolvendo. Este é nosso dilema. Não nos ocupemos apenas remendando consequências. Pensemos nas causas de fundo, na civilização do esbanjamento, na civilização do usa-descarta que rouba tempo de vida desperdiçado em questões inúteis. Pensem que a vida humana é um milagre. Que estamos vivos por milagre e nada vale mais do que a vida. E que nosso dever biológico, acima de todas as coisas, é respeitar a vida e entender que a espécie é o nosso "nós". Obrigado.

*suspensão. silêncio.*

## DISCURSO 11

*1 atriz diante do público, à frente do sobrepalco circular. silêncio. ela gesticula. percebemos que ela fala sem enunciar palavras. não ouvimos sua voz. ela nos conta algo com os gestos. o corpo inteiro envolvido no ato. silêncio. ela gesticula, vivamente engajada em nos contar algo. para. suja as mãos de tinta vermelha. ouvimos uma canção: "Um índio", de Caetano Veloso, na voz de Maria Bethânia. a mulher retoma os gestos. os mesmos que fez antes da música. agora ela gesticula junto com a música. ela nos conta algo com os gestos. o corpo inteiro envolvido no ato. ela traduz a música para outra língua. ela traduz em Libras "Um índio". ela gesticula vivamente engajada em nos contar algo. a tinta suja seu corpo, seu rosto. sangue vermelho.*

*fusão.*

## DISCURSO 12

*1 homem com 1 guitarra. microfones. canta e toca. faz os refrãos acompanhado de outro homem que entra e sai.*

Já? Pena /
Indianara preta /
Lambe água ocre /
Prosódia quente zenital /
Circula /
Absolutamente estrangeira /
Cafuza /
Afundada /
Coçando gente marrom /
Brilhante como água-de-colônia /
Alma bicha transe /
Sereia cabeluda /
Banana /
Descascadas /
Sonhava união /
Vegetal /
Diarreia fedendo complexo 46 favor banheiro fralda papel /
Saída /
Sensação /
Borracheira /
Transcendência /
Foi /
Espinhento /
Uma praia /
Brega borda bar casa suja /
Cadê? Cadê? Cadê? Cadê? /
Cadê Caboclocafuçu? /
Cadê? Cadê? Cadê? Cadê?
Cadê? Cadê? Cadê Putinhos? /
Cadê? Cadê? Cadê? Cadê?
Cadê? Cadê Saudade? /
Verdadeira? /
Nado sem rio /
Danço Solimões /
Velho carcomido /

Sempre sonho /
Zé Boitatá contou /
Muitas ladainhas /
Fábulas desafinadas /
Sentidos barulhada /
Ainda choveu /
Segredos /
Ainda choveu /
Caminho /
Ainda choveu /
Preguiça /
Ainda choveu /
Cigarros /
Ainda choveu /
Miséria /
Ainda choveu /
Silêncio Ô /
E a chuvarada /
Deságua osleproso ribeirinho /
Enxurrada arrastou /
Flutuando sozinha /
Água lama vermelhô /
Chorô outra esperança /
Morreu /
Morreu /
No auge corpo Brasileiro /
Indianara /
Nada /
Nada /
Afunda

*fusão.*

## DISCURSO 13

*1 dos homens sobra diante de 1 dos microfones. ele dubla a própria voz numa versão própria e* a capella *de "Aquarela do Brasil", de Ary Barroso. 1 mulher entra e cai de repente. quedas sucessivas. outro homem entra para ajudá-la. cai ele também. ambos em quedas sucessivas. outra mulher recolhe todos os microfones. cai ela também. o homem que dublava a si mesmo cai. 2 homens e 2 mulheres em quedas sucessivas. a música continua.*

*fusão.*

## DISCURSO 14

*preto sobre preto. 4 pessoas estão ali. vestem preto. caem sucessivamente. 2 mulheres e 2 homens em cima do sobrepalco circular. parede curva ao fundo. vestígios de tinta preta. fim de festa. a versão de "Aquarela do Brasil" funde-se a "Bachianas Brasileiras nº 5", de Villa-Lobos. 4 pessoas. 4 bichos. eles estão ali. eles se movem. os bichos se movem sutilmente. 3 bebês. 1 mulher e três bebês. 4 pessoas. 2 homens e 2 mulheres. fim de festa. imagens difusas. balões pretos. danças trôpegas. gritos. brindes. quedas. beijos. risos. cachaça. banho de cachaça. abraços calorosos. claros e escuros. explosões. imagens difusas. 4 pessoas imóveis olham diante de si girando no centro do sobrepalco circular. imóveis e ofegantes. a música continua. explosões. ainda os brindes. ainda as quedas. ainda as danças. os risos. os choros. os olhares brilhantes. os olhares perdidos. ainda algum gesto. a música continua. escuro. explosões. os balões pretos explodem como tiros no escuro. luz. 4 pessoas caídas no fundo do palco. 4 corpos. jogados junto à parede curva. atrás do sobrepalco circular. fim de festa. vestígios. preto sobre preto.*

*a música cessa. suspensão. silêncio.*


**DISCURSO 15**

*1 mulher rompe o silêncio. seu movimento é em direção ao público. é em direção ao outro. durante a cena inverte o ponto de vista e fala endereçando-se à cena.*

Quem será o primeiro a dizer uma palavra? Quem vai tomar esse risco pra si? De dizer a primeira palavra e, de repente, entender que não era o que todos esperavam, que não era a palavra exata pro momento? Parece que temos que ser adequados agora. Tudo precisa ser adequado. Devemos estar de acordo com o funcionamento das coisas. O momento é de adequação e de acordo. Não sei muito bem o que é isso. Não me sinto adequado a quase nada e muito menos estou de acordo com o que ouço por aí. Não sei o que é exatamente estar de acordo. Você concorda comigo? Nós concordamos muitas vezes um com o outro. Mas agora tem sido difícil encontrar alguém com quem se possa concordar. Não dá pra saber, a maioria das pessoas fica calada ou diz o que não tem importância ou diz o que se espera que se diga ou diz o que já está dito ou diz o que foi levada a dizer como se as palavras fossem se juntando e formassem uma enorme onda que arrastasse todo mundo. É estranho tudo isso. É como se precisássemos pensar sempre antes de agir. É muito chato ter que pensar antes de agir. Há coisas que nascem de outro lugar que não o pensamento. Há gestos que abrem novas possibilidades jamais pensadas. Não acontece às vezes de você cruzar os olhos com alguém que você não conhece e aí alguma coisa inesperada acontece? Como um sentimento novo, uma vibração interna, um desejo de tocar a pessoa, sei lá? Se você pensasse antes, não seria possível. O que faz você ter uma ideia? É pensar em ter uma? O momento exato que se pensa em ter uma ideia é o exato tempo perdido no qual ela, a ideia, poderia ter surgido, como uma centelha, um susto, uma alegria rápida que te toma por inteiro, mesmo que só por alguns instantes, e depois vai embora e te deixa ali, invadido por uma dimensão nova de alguma coisa, como se você tivesse criado algo que não existia e isso parece bom, parece muito bom, porque olhar só para o que existe tá cada vez mais difícil. Você não pode se contentar só com aquilo que dizem que mais ou menos existe. Você não pode se contentar com essa coisa mole, esse teto baixo, você não pode, você não pode se conformar, adquirir a forma das coisas que existem e só. O que existe? Eu não tinha pensado em chegar aqui e falar com você. Não seria este o meu primeiro gesto para uma pessoa distante. Eu não tinha pensado em nada. Apenas me coloquei aqui, disponível, e alguma coisa começou. O que existe é isso. Uma disponibilidade. A gente mergulha nela. Nessa disponibilidade. Entra nessa piscina que deixa a gente bem acordado, essa água fria que deixa os músculos retesados. Existe algo antes disso aqui? Existe um outro lugar pra onde a gente pode ir? Existe história? Tudo o que aconteceu desde os tempos imemoriais existe? Existe o vazio? Ele existe? Ela existe? Existe silêncio? A verdade existe? Existe a montanha mais alta do mundo? E o fim do mundo, existe? O que você esqueceu existe? A maior dor do mundo? O maior amor do mundo? O lugar mais lindo do mundo? A pessoa ideal? Esta cidade? Minhas contas pra pagar? Tudo o que eu sonhei até aqui? Todas as fugas possíveis e eu não paro de falar e de onde tudo isso vem e cada coisa tem o seu tempo e então são muitas coisas e muitos tempos e tudo isso me toma, mas é a minha voz que te fala, você se lembra de mim? Lembra que quando a gente se conheceu você nem me viu direito, eu era mais um entre os outros e você poderia nem mesmo ter me percebido ali no meio das pessoas, mas, sem pensar, você virou o rosto e nós cruzamos o olhar e aí alguma coisa aconteceu e nós estamos aqui? Distantes. Existe a distância. Me parece que sim, que a distância existe, ela existe pois é exatamente ela que a gente tem que percorrer pra encontrar o outro ou qualquer coisa que importe pra gente e que nos dê a ilusão de existir. É preciso percorrer distâncias. Isso, sim, me parece inevitável.

**DISCURSO 16**

*1 mulher em meio ao público. 2 homens e 1 mulher no sobrepalco circular. vestígios. olham-se. ouvem. todos ouvimos.*

— O que nos marcou?

— Vivemos um tempo do fim.

— No fim não haverá nada, só seres humanos. E não por muito tempo.

— Gente de menos com mundo de mais. Gente de mais com mundo de menos.

— A morte não é um acontecimento, pois quando acontece já não estamos lá.

— Depois do futuro, o fim como começo.

— Há muitos mundos no mundo.

— Estamos diante de algo grande.

— Sonhar outros sonhos.

— Só o homem nu compreenderá.

*escuro.*

— Ele flutua.

*suspensão.*

**FIM**

roteiro para a peça: setembro de 2015
versão final do texto: maio de 2016

## Marés brasileiras: discursos em contrafluxo

Escuta aqui. As palavras vibram sobre os corpos, movem as ideias. Elas afetam, mas é preciso saber ouvir. Saber dizer. Saber fazer o convite para que aconteça o encontro entre a boca e a orelha, entre o ouvido e a mente, entre corpos humanos tão iguais e tão diferentes. Corpos que amam e morrem. Sempre. Singulares formas de ser e estar e desaparecer.

O convite à escuta na situação do encontro, eis a constante no teatro do Marcio Abreu. Com *MARÉ* e *PROJETO bRASIL*, novamente. Mas há algo que os distingue do conjunto de textos que o dramaturgo e diretor escreveu, traduziu ou mesmo dirigiu dentro e fora da companhia brasileira de teatro. Ambos são "reações ao real", como o autor escreve nas primeiras linhas de *MARÉ*.

Não há dúvida de que toda literatura, toda dramaturgia, toda obra criativa humana seja reação ao real em alguma medida. Aqui, no entanto, há um real concreto e imediatamente reconhecível sobre o qual — ou contra o qual — se escreve. Mais justo é dizer: a partir de. Marcio Abreu disse em uma ocasião que, numa língua da qual não se recorda, a palavra para arte não é criação, mas transformação. *PROJETO bRASIL* e *MARÉ* são invenções poéticas oferecidas de volta ao mundo em reação à violência da experiência cotidiana brasileira, transformada.

Após tantos textos franceses e de nacionalidades estrangeiras que Marcio Abreu já dirigiu em 15 anos de carreira — à exceção de *Vida* (2010), escrita coletiva da companhia brasileira cuja dramaturgia assina e que (trans)forma a experiência de viver em Curitiba —, pela primeira vez, diretamente, o país está em questão.

*MARÉ* responde a um fato específico, embora não único: uma chacina realizada por policiais no Complexo da Maré, no Rio de Janeiro. É um texto singular na trajetória do autor porque foi escrito a pedido do grupo espanca!, de Belo Horizonte, para compor com outras três peças curtas (originalmente, seriam cinco ao todo), igualmente impulsionadas por acontecimentos noticiados, o projeto REAL.[*] Diogo Liberano escreveu *Inquérito* a partir do caso de um linchamento; Roberto Alvim, *O todo e as partes*, a partir do atropelamento de um ciclista; e Byron O'Neill, o rascunho de ideias de *Parada serpentina*, transformada em dança a partir de uma greve de garis. Cada uma delas é autônoma, embora juntas formem um conjunto coerente e complexo sobre a violência na sociedade brasileira dos anos 2010 — e além.

*MARÉ* é uma espécie de poema rítmico para três atores rapsodos, cujas vozes sobrepõem as narrativas do cotidiano de uma comunidade, testemunhando quatro perspectivas do

---

[*] No espetáculo que estreou em 2015, o grupo espanca! tomou a liberdade de realizar as falas sonoras em sequência linear, sem sobreposição, intercaladas pelo jogo das crianças, e inverter a ordem de modo a terminar com a voz do homem morto.

encontro familiar, infiltradas de lirismo. A avó, portadora da memória da degradação daquele lugar, o pai e a mãe que retornam de dias de trabalho e trânsito extenuantes, e as crianças a brincar. São linhas melódicas que variam sobre o mesmo tema, depositadas umas sobre as outras, num acúmulo de sentidos e de emoções, como uma música de câmara ou uma sonata em três ou quatro movimentos.

Suas vozes movem-se entre o lírico e o épico, o contado e o vivido, como herdeiras da experiência de tradução e criação cênica de *Isso te interessa?* (2011, de Noëlle Renaude) por Marcio Abreu. Transitam entre tempos: a nostalgia do passado entremeada aos comentários sobre o agora na fala da avó; o presente contínuo do homem, "sempre assim amanhã tudo de novo", cuja repetição é interrompida; o jogo infantil que é cena e comentário; e o tempo estranhado e premonitório da mulher.

Marcio Abreu desenha seres sociais e subjetivos facilmente reconhecíveis no contexto brasileiro. Lá está a telenovela, colonizadora do imaginário para as horas de folga, lá estão a cerveja gelada e a feijoada, prazeres nacionais a aliviar a crueza da realidade e a falta de perspectiva, lá também estão os sintomas do amor materno e conjugal, os ciúmes e os pequenos conflitos familiares. Tudo condensado em massas nebulosas prestes a se precipitar.

Por meio da composição musical e sua dinâmica de crescimento, de detenção e excitação, o autor cria formas simbólicas para os sentimentos humanos. A estilização depura as emoções envolvidas, como um jogo racional que logra em produzir uma experiência do sublime. As palavras se sucedem sem pontuação ou delimitação visual da estrutura interna do discurso, elas são esse fluxo de pensamentos, massa d'água que se acumula, maré cheia para atores e atrizes se debaterem em braçadas em busca da respiração, de um ritmo em que as rimas e os refrãos internos desvelam quando a leitura os liberta.

Para tanto, basta um sistema restrito de palavras repetidas e retomadas ao longo das "falas sonoras" de alta carga sensorial, em que expressões como "um pedaço de carne" se ressignificam, enquanto "um vermelho", "um quente", "um molhado" vão se saturando de sentido e sentimento. A morte é narrada de fora, mas também de dentro. É capturada nas sensações físicas dos instantes finais, irrevogáveis. Ao transformar o real, ao reinventá-lo na linguagem e no encontro com o espectador, o humano é resgatado da reificação. Alguém escapou?

Do avesso. Outro processo de gestação origina *PROJETO bRASIL*. Obra escrita em cena, dramaturgia criada coletivamente no espaço, no tempo e nos corpos dos atores Rodrigo Bolzan, Nadja Naira, Giovana Soar e do músico Felipe Storino, em sala de ensaio. Organizada pelo olhar de Marcio Abreu e só depois precipitada no texto aqui publicado. Assim como *Vida*, é fruto de um projeto extenso de pesquisa, cujo mote resiste transformado no objeto cênico.

Assim como em *Vida* Leminski é pretexto e fio de coerência, mais do que tecido à superfície, em *PROJETO bRASIL*, este país continental que a companhia brasileira percorreu em território e em leituras sobrevive ainda pretexto, ainda condutor, como se olhado pela via negativa, pelo avesso dos clichês. *PROJETO bRASIL*, em vez de retrato do país, é uma resposta.

Os movimentos de recuo e avanço do cenário criado por Fernando Marés para *Vida* recordam-nos as distintas perspectivas que a aproximação e a distância permitem sobre um objeto, um lugar. Os criadores de *PROJETO bRASIL* são brasileiros, alguns deles, como Marcio Abreu, contudo, estão em constante trânsito pela França, o que coloca em curso esse ir e vir que varia a relação focal e transforma a experiência de um lugar.

Mais que isso, são brasileiros contemporâneos ao momento e às questões de seu país — mas à adesão preferem a dissociação. O texto de *PROJETO bRASIL* desenha um não país: delineia-o e tangencia suas linhas mapeando o fora, aquilo que a identidade nacional não suporta. Os discursos políticos apropriados apontam esses caminhos. A ex--Ministra da Justiça da França Christiane Taubira, tal como o ex-Presidente do Uruguai José Mujica, traz visões de sociedade que a brasileira ainda não alcançou.

Eis a via negativa: falar de um Brasil que (ainda?) não é, um país que se almeja. E nesses dias sombrios, em que as práticas democráticas retrocedem e os direitos humanos não são garantias, especialmente às parcelas da população que, embora numericamente majoritárias, permanecem ainda confinadas à minoria política, a opção pelo não país é eticamente determinante. Ou talvez seja uma escolha pelo país que vem "depois do fim" de algo não nomeado, mas presumível.

*PROJETO bRASIL* é, na trajetória de Marcio Abreu, o trabalho que mais frontalmente assume a enunciação de discursos. Ao autor é muito cara uma compreensão de dramaturgia que se negue a falar *sobre* um tema — o que justifica que a obra de que tratamos aqui nunca seja uma peça *sobre* o país, ao menos não (e essa ressalva é fundamental) no sentido mais óbvio. Antes, é uma composição de discursos subterrâneos que dão forma a sentidos apreensíveis de um modo mais sutil.

Essa afirmação cabe a *PROJETO bRASIL* pela ausência de um discurso direto que tenha o país por referente central — à exceção do canto desconjuntado de "Aquarela do Brasil", como um pedido de socorro contra aquela ideia de país versada por Ary Barroso. Os "16 discursos verbais e não verbais" que compõem o espetáculo contêm posicionamentos marcados frontalmente — o que os distingue de *Vida* e dos textos com os quais a companhia brasileira costuma trabalhar. Com Taubira, a defesa do Estado laico e da igualdade de direitos independentemente de gênero ou orientação sexual; com Mujica, o resguardo da predominância dos valores humanos aos mercantis.

Esses discursos são posicionamentos em um contexto específico, comunicam desejos e opiniões. Mobilizam estruturas de uma comunidade e adquirem sentidos em relação a um universo de outros discursos compartilhados pelos habitantes deste país. A consciência interdiscursiva é o que possibilita a via negativa, como resposta a sensos comuns e a discursos pautados no endeusamento do lucro e da produtividade, na intolerância e nos preconceitos sociais e culturais que sustentam desigualdades. "Nós vamos ousar dar nome. Nós damos nomes", anuncia Taubira.

Dizia Gustave Guillaume (1973) que, "no nível do discurso, a fala tomou corpo, realidade: ela existe fisicamente". Como Austin (1962), poderíamos dizer que os 16 discursos são 16 *atos*. As palavras de *PROJETO bRASIL* agem no espaço compartilhado por atores e espectadores tanto quanto o discurso musical trazido por Felipe Storino ou os discursos imagéticos e corporais vários que transformam os corpos dos atores e dos espectadores, despertos para o encontro, com suas demandas de tolerância, disponibilidade e senso crítico.

O processo criativo de Marcio Abreu e da companhia brasileira guia-se pelo pensamento complexo, articula as várias dimensões sensíveis e significantes da cena e, se tantas vezes desfruta a literalidade como estratégia para aproveitar o que há de efetivo no simples e evidente, descarta reducionismos. Assim, os discursos de *PROJETO bRASIL* contrapõem-se gerando atritos e complementariedade entre si, entre as palavras e os movimentos, entre o palco e a plateia. Como se diz na peça, é necessário "nunca perder a inteligência de tentar entender tudo apesar de todas as contradições".

O sentido da escuta é reforçado pelo modo como os atores e atrizes dirigem-se aos espectadores como um convite constante a estar junto. A primeira cena, preâmbulo composto de "marcas e imagens que retornarão durante a peça", guarda esse propósito de já *incluir as pessoas* e *conviver*. Ao cruzar "de maneira incomum o espaço da plateia", o convite para o encontro torna-se mais afetivo e envolvente. Prepara para uma abertura maior à afetação pelo outro.

O segundo discurso explicita a situação de fala intersubjetiva "diante de vocês, para vocês". O reconhecimento da alteridade — "ter a irredutível preocupação com o outro", característico das dramaturgias de Marcio Abreu, sempre dedicadas a potencializar o encontro com o espectador com distintas gradações de endereçamento à plateia e interpelação ("isso te interessa?", "estamos aqui, não estamos?" etc.) — tende a implicar o sujeito sentado na cadeira na dramaturgia que se constrói com ele, como um reforço a uma disposição ativa que somente cada espectador poderá realizar ou não.

Em *PROJETO bRASIL*, essa dimensão explode em potência com o discurso de reconhecimento da igualdade de direitos entre casais hetero ou homossexuais, dito em off por um ator e uma atriz que se beijam e, aos poucos, buscam na plateia outros beijos políticos, afirmativos da naturalidade do encontro entre duas bocas quaisquer e, sobretudo, do direito de duas bocas quaisquer e de dois corpos quaisquer e de dois sujeitos quaisquer à relação amorosa e à instituição laica do casamento.

Há nessa concretização do discurso em ato compartilhado um gesto que avança para além da retórica até uma experiência psicofísica, que se constitui numa afetação produtora de outra ordem de saber. A condução dramatúrgica para isso é, e precisa ser, minuciosamente cuidadosa, de modo que o convite ao beijo político não se faça invasão, mas política do afeto. Tampouco se constitui como celebração comunitária ingênua, e para isso a cena seguinte é determinante: as imagens de violência da invasão do corpo da mulher pelo homem evocam as frágeis condições de intimidade e consentimento numa sociedade misógina, manchada pela cultura do estupro. O confronto dessa dramaturgia — e deste país, e deste mundo — é, enfim, entre amor e violência.

Embora esses discursos assertivos ressoem, *PROJETO bRASIL* expõe com semelhante força as fraquezas, as falhas, as inconsistências e os vacilos de discursos incompletos, em desintegração: nas letras das músicas, de herança dadaísta; nas interrupções de fala, nas gagueiras, nos desmontes e nas quedas; nos jogos com os microfones, concentrando as atenções, na falta de voz e de escuta, na dificuldade de dizer.

Vai-se um passo adiante do que se costumou chamar dramaturgia da incomunicabilidade. Menos niilista em seu propósito de estabelecer o encontro possível, o movimento é do incomunicável para o comunicável, como quando as palavras-cacos do "discurso 7" enfim formam frases compreensíveis ou quando a linguagem de sinais confundida com dança revela-se letra de música. Num palco em preto e branco, mas em movimento, onde corpos e palavras vibram, o sujeito é pensado como este ser tantas vezes inapto a ouvir o país ao seu redor. Mas ainda há esperança na sua capacidade de entendimento. "Há muitos mundos no mundo. Estamos diante de algo grande. Sonhar outros sonhos."

Essas palavras que vêm depois do fim não são nem o começo.

**Luciana Eastwood Romagnolli**
Jornalista, pesquisadora e crítica de teatro

**Referências bibliográficas:**

AUSTIN, J.L. 1962. *How to Do Things with Words*. Oxford, Oxford University Press.

GUILLAUME, G. (1973) apud CHARADEUAD, Patrick; MAINGUENEAU, Dominique. *Dicionário de Análise do Discurso*. São Paulo: Contexto, 2016.

## Terreiros de linguagem

*MARÉ* e *PROJETO bRASIL* são obras cujo eixo fundamental é o Brasil do século XXI. São dramaturgias que não tratam a realidade brasileira como um assunto, mas sobretudo como um atravessamento aqui elaborado como obras dramatúrgicas. Trata-se de disparadores e intimações à experiências de convívio através do ato teatral, textos que evocam a qualidade do teatro como experiência de terreiro, à medida em que suas formas e estruturas são evocações à experiência de dizê-los, vivê-los. Performáticos, diriam por aí. Puros terreiros, enquanto abrigos e alimentos para as vibrações humanas contraditórias, enquanto deflagradores do essencial inominável. Aqui está visível o desejo de sondar o inominável, o respeito ao incompreensível, a primeva necessidade de relacionar-se com alguém e o afã humano de viver tudo isso em plenitude. É pinga no chão.

*MARÉ* foi escrito por Marcio Abreu a convite do grupo espanca!, que, através do projeto intitulado REAL, convidou dramaturgos brasileiros para escreverem textos que partissem de fatos reais ocorridos recentemente no Brasil. A partir da chacina policial no Complexo de Favelas da Maré, ocorrida no Rio de Janeiro em junho de 2013, Marcio cria uma família no momento em que está prestes a ser vítima da violência. *PROJETO bRASIL* é fruto de uma pesquisa da companhia brasileira de teatro, resultado de uma trajetória de dois anos de leituras, experimentos em sala de ensaio e viagens pelo Brasil. Com texto final de Marcio Abreu e dramaturgia de Giovana Soar, Nadja Naira, Rodrigo Bolzan e do próprio Abreu, a peça estrutura-se na articulação de 16 discursos verbais e não verbais.

Mesmo que de formas distintas, ambos os textos relacionam-se radicalmente com a realidade brasileira. Sua presente reunião configura este livro tanto como uma publicação da vanguarda dramatúrgica do país quanto como um valioso registro político-social do Brasil. Também ambos são formas elaboradas que, com estratégias distintas, performam e intimam o pacto com a leitora, o leitor ou o público.

O texto *MARÉ* é uma maré. Nele, as palavras estão de braços abertos, estão nuas. Ou se mergulha para abraçá-las, para fazer sexo com elas, ou se afoga na maré, também uma boa opção. O texto está nu, é um corpo aberto, excitado, nos causa ânsia de buscar prazer, escancara que o mútuo gozo depende de quem lê, de quem vê, de quem atua, é um jogo de armar. *MARÉ* nos obriga a optar por como respirar, esse ato da essência do viver precisará ser elaborado pela leitora ou pelo leitor, intimando-nos a estar com suas palavras e seus sentidos sem escapar, intimando-nos a buscar ar, ar, ar. A liberdade do texto cria a ânsia de possuir seus sentidos em quem o lê, em quem o fala. Está tudo ali, como na vida: como você o organiza, como você o respira, é o que o faz existir. Estamos diante de uma dramaturgia que lida concretamente com o que é essencial na vida ou em qualquer relação. *MARÉ* é um beijo de língua.

É também uma tragédia brasileira: uma família — mãe, pai, avó, crianças — extrai afeto do ordinário, de coisas belas. O feijão é signo de amor, nada mais brasileiro. Mujica diria que é o recorte do curto momento de uma família quando não estão como sonâmbulos da vida-mercado: a mãe está saindo do trabalho, indo em direção ao seu canto afetivo, a família em breve se encontrará em casa, todos juntos, mas a tragédia está na fragilidade de uma família comum em meio à maresia, por vezes aleatória, da violência de uma realidade social, da violência de um Estado.

*PROJETO bRASIL* é uma reflexão projetada sobre o país atual. E, afinal, é mesmo sempre um projeto. Sempre uma esperança, sempre o peso empurrado para aqueles que estão por vir. Sempre isso de olhar as crianças, constatar suas inocências para só assim conseguir acreditar que dali poderemos finalmente começar o Brasil. Mas quando poderemos começar, enfim, o Brasil? O começo, dizem os livros de educar, foi há pouco tempo. Mas quando ainda não havia livros, houve outro começo? E se os livros de educar estiverem mortos, como estão alguns, se assim for, a história do Brasil sempre foi contada a partir do fim. Sim, é sempre um projeto, sempre o país em construção esse Brasil que já começou há muito. Se fosse um neon de comércio na placa se leria RASIL, porque a luz da letra estaria queimada. Se fosse placa de trânsito leríamos RASIL, porque não haveria verba para desenferrujá-la. Se fosse um belo pixo de muro soletraríamos RASIL, porque policiais teriam chegado antes de o spray terminar a palavra. *PROJETO bRASIL* começa com beijos de língua como ato político. Um beijo é também um desespero de romper distâncias: dos inúmeros brasis dentro do Brasil, do outro.

Não se trata de um desfile sobre padrões de brasilidade. Trata-se de gritos, pensamentos de e para um país enquanto projeto social. Uma obra sobre o Brasil com discursos do mundo, que rompe fronteiras geográficas quando trabalha com discursos de Christiane Taubira, ex-Ministra da Justiça francesa, e de José Mujica, ex-Presidente do Uruguai, lembrando-nos que um país não se restringe ao seu território. Metaforiza o Brasil com a história universal dos homens, enquanto bichos, crianças, mulheres e homens.

Do *pê*, um passo pro *erre*. Dele, pro *ó*, pro *jota*, *é*, *tê*, *ó*. Em um pulo, cai-se no *bê* minúsculo, mais perto do chão, escada pro *erre*, depois pro *á*, *ésse*, *i*. O último é o *éle*. Ali, por cima do *éle*, há que se mirar do outro lado, como num espelho, a palavra PROJETO. A história do Brasil é mal contada, soletramos de forma analfabeta nossas próprias raízes e *PROJETO bRASIL* ergue simbolicamente pilastras existenciais de nossa sociedade sem lidar com a noção de uma identidade única. Erguem-se ao tentar insistentemente estabelecer laços, na paz e na guerra de suas diferenças. Há uma crise de linguagem no Brasil, mergulhada e impulsionada por uma noção traidora de comunicação. Dizer não significa relacionar-se com alguma verdade, *dizer* também significa perpetuar formas de estratégias de discursos políticos, com finalidades que não significam necessariamente relacionar-se com algo em que se crê verdadeiramente. *"Hay marketing para todo. Todo, todo es negocio."* O ato de dizer também é diariamente engolido, algemado pelo mercado. O ato de dizer também adoece, e *PROJETO bRASIL* é testemunha disso: suas palavras, antes de dizer sobre algo, nos lembram sobre o próprio ato político da fala.

Hoje, no momento em que o Brasil vive uma crise aguda de representação, amplificada por um Congresso Nacional retrógrado, que trabalha em absoluta dissintonia com as prioridades da população, que não representa a luta, mobilização artística e popular, nem tampouco as militâncias sociais, num momento em que estudantes secundaristas passam a ocupar suas próprias escolas como ato de resistência e consciência política, *MARÉ* e *PROJETO bRASIL* são obras que reverberam a legitimidade de um tempo, à medida em que suas opções estéticas são também um posicionamento político em relação ao Brasil e à arte brasileira. São peças que, dentre tantas coisas, reclamam pela consciência da dimensão do convívio humano. Obras de arte. Dignamente: brasileiras.

**Grace Passô**
Diretora, dramaturga e atriz

© Editora de Livros Cobogó
© Marcio Abreu

Editora-chefe
Isabel Diegues

Editora
Mariah Schwartz

Gerente de produção
Melina Bial

Revisão final
Eduardo Carneiro

Revisão do espanhol (p.68-73)
João Sette Camara

Projeto gráfico e diagramação
Mari Taboada

Capa
Cubículo

CIP-BRASIL. CATALOGAÇÃO-NA-FONTE
SINDICATO NACIONAL DOS EDITORES DE LIVROS, RJ

    Abreu, Marcio
A146m    MARÉ/PROJETO bRASIL / Marcio Abreu.- 1. ed.- Rio de Janeiro : Cobogó, 2016.
    104 p. : il. (Dramaturgia)

    ISBN 978-85-5591-011-1
    1. Teatro brasileiro. I. Título. II. Série.

16-33836    CDD: 869.2
    CDU: 821.134.3(81)-2

Nesta edição, foi respeitado o Acordo Ortográfico da Língua Portuguesa de 1990, que entrou em vigor no Brasil em 2009.

Todos os direitos em língua portuguesa reservados à
**Editora de Livros Cobogó Ltda.**
Rua Jardim Botânico, 635/406
Rio de Janeiro – RJ – 22470-050
www.cobogo.com.br

Outros títulos desta coleção:

**COLEÇÃO DRAMATURGIA**

**ALGUÉM ACABA DE MORRER LÁ FORA**, de Jô Bilac

**NINGUÉM FALOU QUE SERIA FÁCIL**, de Felipe Rocha

**TRABALHOS DE AMORES QUASE PERDIDOS**, de Pedro Brício

**NEM UM DIA SE PASSA SEM NOTÍCIAS SUAS**, de Daniela Pereira de Carvalho

**OS ESTONIANOS**, de Julia Spadaccini

**PONTO DE FUGA**, de Rodrigo Nogueira

**POR ELISE**, de Grace Passô

**MARCHA PARA ZENTURO**, de Grace Passô

**AMORES SURDOS**, de Grace Passô

**CONGRESSO INTERNACIONAL DO MEDO**, de Grace Passô

**IN ON IT | A PRIMEIRA VISTA**, de Daniel MacIvor

**INCÊNDIOS**, de Wajdi Mouawad

**CINE MONSTRO**, de Daniel MacIvor

**CONSELHO DE CLASSE**, de Jô Bilac

**CARA DE CAVALO**, de Pedro Kosovski

**GARRAS CURVAS E UM CANTO SEDUTOR**, de Daniele Avila Small

**OS MAMUTES**, de Jô Bilac

**INFÂNCIA, TIROS E PLUMAS**, de Jô Bilac

**NEM MESMO TODO O OCEANO**, adaptação de Inez Viana do romance de Alcione Araújo

**NÔMADES**, de Marcio Abreu e Patrick Pessoa

**CARANGUEJO OVERDRIVE**, de Pedro Kosovski

**BR-TRANS**, de Silvero Pereira

**KRUM**, de Hanoch Levin

**COLEÇÃO DRAMATURGIA ESPANHOLA**

**A PAZ PERPÉTUA**, de Juan Mayorga
Tradução Aderbal Freire-Filho

**APRÈS MOI, LE DÉLUGE (DEPOIS DE MIM, O DILÚVIO)**,
de Lluïsa Cunillé
Tradução Marcio Meirelles

**ATRA BÍLIS**, de Laila Ripoll
Tradução Hugo Rodas

**CACHORRO MORTO NA LAVANDERIA: OS FORTES**, de Angélica Liddell
Tradução Beatriz Sayad

**DENTRO DA TERRA**, de José Manuel Mora
Tradução Roberto Alvim

**MÜNCHAUSEN**, de Lucía Vilanova
Tradução Pedro Brício

**NN12**, de Gracia Morales
Tradução Gilberto Gawronski

**O PRINCÍPIO DE ARQUIMEDES**, de Josep Maria Miró i Coromina
Tradução Luís Artur Nunes

**OS CORPOS PERDIDOS**, de José Manuel Mora
Tradução Cibele Forjaz

**CLIFF (PRECIPÍCIO)**, de Alberto Conejero López
Tradução Fernando Yamamoto

2016

———————

1ª impressão

Este livro foi composto em Univers.
Impresso pela Mark Press
sobre papel Pólen Bold 70g/m².